「弘法大師」の誕生

大師号下賜と入定留身信仰

Kozen TAKEUCHI

武内孝善

春秋社

はしがき

「大師は弘法にとられ」といわれるように、大師といえば「弘法大師」と思っている方が少なくないように思われる。実は平安時代以降、朝廷から「大師号」を下賜《かし》された僧は、最澄《さいちょう》・法然《ほうねん》・道元《どうげん》・親鸞《しんらん》・日蓮《にちれん》など各宗の宗祖をはじめ二十四名を数える。そのなかにあって、「お大師さま」「お大師さん」と宗派の枠を超え親しみをこめて呼びかけられてきたのが、弘法大師である。

では「弘法大師とは……」と改めて聞かれると、明確に答えられる人は、それほど多くないのではないだろうか。

本年は、延喜二十一年（九二一）十月、空海に「弘法大師」という諡号《しごう》（贈り名）が下賜されてから、ちょうど一千百年という記念すべき年にあたる。空海がたまわった大師号が「弘法大師」であるから、空海と弘法大師は同一人物の名前であるわけであるが、人格的には別人といったほうがよいように思われる。なぜ別人なのか。

空海とは、宝亀五年（七七四）に誕生してから承和二年（八三五）に入寂するまでの六十二年間、真言宗の開祖となった仏教界はもとより、詩文、書、芸術、教育、社会事業、土木技術などの諸分野で八面六臂の活躍をした、歴史的に実在した人物である。一方、弘法大師とは、入寂のあと八十六年目に、生前の功績を讃えて醍醐《だいご》天皇から贈られた最高の称号であり、信仰や説話・伝承の世界で、いかなる願いも叶えてくださり、生死の苦しみや困難に出遭ったとき、必ず手を差し伸べ救ってくださるスーパーマンのような存在として語られる人物をさす。つまり、弘法大師の名で語られる人物は、必ずしも実在した空海その人ではない。

では、弘法大師を主人公として語られる物語には、空海は存在しないのであろうか。日本人のなかで、空海ほど伝記の多い人物はいないといわれる。特に、空海が閉眼してから時代が降るにしたがって、それらの伝記には荒唐無稽とも思われる奇蹟譚の類が加えられ、超人・弘法大師として語られるようになる。

たとえば、弘法大師は唐から帰国するに先立ち、唐・明州の浜において、「密教を広めるにふさわしいところがあれば、教えたまえ」と祈念して、持っていた三鈷杵《さんこしょ》をわが国に向けて投げ上げた。帰国後、高野山上でその三鈷杵を発見し、この地に伽藍《がらん》を建立することになった話などが、その典型的なものといえる。

それらの奇蹟譚を想像力たくましく絵画で表わしたのが、『弘法大師行状絵詞《こうぼうだいしぎょうじょうえことば》』『高野大師行状図画《こうやだいしぎょうじょうずが》』といった絵巻物である。そこには、宗教的な偉人はわれわれ常人を超えた能力をもった人物として表現されているが、その裏には宗教的な真理、歴史的な真実が隠されている。絵巻物をひもとく楽しみの一つは、それら背後に隠された歴史的な真実、宗教的な真理を探索することである、といえる。

一見して実在した空海とは無関係と想われる物語も、冷静に読みすすめると、空海の事績が核となり肉付けされていることに気づかされる。すなわち、弘法大師として語られる荒唐無稽とも思われる不思議な物語からも、真実の空海を読みとり、日々の生活に役立つ教訓を読みとることができるのである。

とはいえ、空海と弘法大師とを混同すべきではない。やはり、この二つの名前は厳然と峻別しておくことをお勧めしたい。歴史的事実が信仰を否定するものでも、フィクションが事実をゆがめるものでもないからである。ただ一ついえることは、歴史的に実在した空海だけを追っかけても真実の空海像にはたどり着けないことである。いい換えると、真実の空海を知るには超人的な能力、奇蹟譚をもって語られる弘法大師が不可欠であるのである。

本書は、「弘法大師」号の下賜から一千百年という節目の年を記念して編んだものである。全体を二部立てとし、第一部を「空海への大師号の下賜」と名づけ、第二部を「弘法大師の入定留身《にゅうじょうるしん》信仰」とした。

第一部では、大師号の下賜を願って真言宗から出された上奏文と勅許されたときの勅書の分析を通して、大師号が下賜されるまでの経緯を追ってみた。あわせて、「弘法大師」の典拠は空海の著作にもとめられること、上奏と勅許が延喜十八年から同二十一年にかけて行われた要因は、延喜十八年三月の『三十帖策子《さんじゅうじょうさくし》』の天覧にあったことを論じた。

第二部にいう入定留身信仰とは、弘法大師は今も高野山奥院に生身《しょうじん》（肉体）をとどめ、五十六億七千万年ののちに、つぎの仏陀である弥勒《みろく》菩薩がこの世に現れ出られるまでの無仏中間《むぶっちゅうげん》の間、ずっとわれわれを見守り救済し続けてくださるとの特異な信仰である。

古来、この信仰の契機となったのは、空海への大師号の下賜であったとみなされてきた。空海は、入寂のあと八十六年目の延喜二十一年（九二一）十月二十七日、醍醐天皇から「弘法大師」の諡号を下賜された。観賢《かんげん》がこの報告のため、勅書を持った勅使とともに高野山に登り、奥院の御廟を開扉して、禅定《ぜんじょう》なさっている大師の尊容を拝謁《はいえつ》した。このことが発端となり、順次増広されて、今日、人口に膾炙《かいしゃ》するような入定留身信仰に発展した、と。

ところが、この入定留身信仰の成立過程は事実ではなかった。実際はまったく逆の道筋を辿ったことが見えてきた。それはどういうことか。

大師が奥院に生身をとどめているとの入定留身説は、十一世紀初めにすでに現われている。そこに、観賢の御廟開扉の話をからめて語られるようになるのは、約八十年後の十一世紀後半以降であることが判明したからである。そうして、大師の入定留身信仰が完成するのは、意外にも遅く、江戸時代の十八世紀中頃であった。

本書のなか、特筆すべきことの一つは、入定留身信仰を語るうえで重要な位置をしめてきた、醍醐天皇のご夢想のなかで空海が詠んだという和歌、

高野山むすふ庵に袖くちて苔の下にそ有明の月

の初出年代を解明できたことである。

ともあれ、入定留身信仰を喧伝して、空海が一番愛した高野山を末永く守ろうとした先徳たちの血のにじむようなご尽瘁《じんすい》を忘れてはならないと思う。それとともに、入定留身信仰の成立過程に、新しい知見をいくつか加えることができたことを多としたい。

「弘法大師」の誕生——大師号下賜と入定留身信仰　目次

「弘法大師」の誕生——大師号下賜と入定留身信仰

第一部　空海への大師号の下賜

はじめに

醍醐《だいご》天皇は延喜二十一年（九二一）十月二十七日、故贈大僧正空海に「弘法大師」の諡号《しごう》（贈り名）を下賜された。このことは、『日本紀略』延喜二十一年十月二十七日条に、

【史料1】（『新訂増補国史大系』第一一巻、二四頁）

己卯《きぼう》。勅《みことのり》す。故贈大僧正空海に諡《おくりな》して、弘法大師と曰う。権大僧都《ごんたいそうず》観賢《かんげん》の上表に依るなり。勅書を少納言平惟扶《これすけ》（これよりともいう）に齎《もた》さしめ、紀伊国金剛峯《こんごうぶ》寺《じ》に発遣《はっけん》す。

〔現代語訳〕

（延喜二十一年十月）二十七日、醍醐天皇は故贈大僧正空海に諡号（贈り名）を下賜され、その贈り名を「弘法大師」と申されました。このことは、権大僧都観賢から

の上表によって実現いたしました。そこで、この贈り名を下賜する勅書を少納言平惟扶《これすけ》に持たせまして、（その報告のために）紀伊国金剛峯寺にむけて派遣いたしました。

とあり、同じ日付の勅書が伝存することから、この日に大師号が下賜されたことはほぼ間違いない。

ところで、これに先立つ三年まえの延喜十八年（九一八）八月十一日、寛平《かんぴょう》法皇が贈大僧正空海に諡号を賜わらんことを請わせ給うたとの史料が伝存する。この上奏文は、東寺の杲宝《ごうほう》が撰述した『諡号雑記《しごうざっき》』に収録されている。真言宗内では、この寛平法皇による上奏を、史実とみなす見解が有力であるが、なかには疑問視する者もなくはない。また、大師号が下賜されたときの勅書は諸書に引用されているけれども、その内容を詳細に解釈したものは寡聞《かぶん》にして知らない。

そこで本書では、つぎの五つの観点から、空海への大師号の下賜とその問題点について、私見を述べることにしたい。

第一、寛平法皇による上奏は史実とみなしてよいか。
第二、観賢僧正による二度の上奏。
第三、大師号が下賜されたときの勅書。
第四、大師号「弘法大師」の出典。
第五、大師号は、なぜこの時期に上奏され、下賜されたのか。

第一、大師号とは

本題に入るまえに、いま一度「大師」とは何か、「大師号」とは何か、を確認しておきたい。ここでは、三つの辞典を、新しいものから順にさかのぼる形でみていくことにする。

第一は、『国史大辞典』「大師」の項である（『同書』第八巻、七五一頁）。はじめに、

「大師」の定義が、

①梵語シャーストリ śāstṛ の漢訳。偉大なる師、大導師の意で、はじめは釈迦大師というように仏の尊称として用いられた。

と記され、ついで中国における実例を、

②後世、中国では高徳の僧に対する敬称となり、智顗《ちぎ》の智者大師（または天台大師）、菩提達磨の達磨大師、慧思《えし》の南岳大師、曇鸞《どんらん》の曇鸞大師、善導の善導大師、吉蔵《きちぞう》の嘉祥《かじょう》大師、窺基《きき》の慈恩大師、法蔵の賢首《げんじゅ》大師、澄観の清涼《しょうりょう》大師などがある。これらは私的な敬称であるが、

③唐の宣宗《せんそう》が大中二年（八四八）に廬山慧遠《ろざんえおん》に辯覚《べんかく》大師の号を贈ったのが諡号のはじめといえよう。

とあげる。これによると、著名な僧たちの大師号は私的なものであったことになる。また、皇帝から下賜される形の大師号は九世紀半ばからと、意外にも時代が下ることが知られる。

最後に、わが国における歴史が、

④わが国では原則的に諡号として用いられ、最初は、貞観八年（八六六）最澄に贈った伝教大師と円仁に贈った慈覚大師とであり、その他、代表的なものに空海の弘法大師、親鸞の見真大師、道元の承陽大師、日蓮の立正大師などがある。

（大野達之助稿・○数字筆者）

と記される。つづいて、わが国で大師号を下賜された諸宗の先徳二十四名の名が一覧表で提示される。

『国史大辞典』所収「大師一覧」

大師号	僧名	宗派	宣下年月日	天皇
伝教大師	最澄	天台宗	貞観八年（八六六）七月十四日	清和天皇
慈覚大師	円仁	天台宗	貞観八年（八六六）七月十四日	清和天皇
弘法大師	空海	真言宗	延喜二十一年（九二一）十月二十七日	醍醐天皇
智証大師	円珍	天台宗	延長五年（九二七）十二月二十七日	醍醐天皇
本覚大師	益信	真言宗	延慶元年（一三〇八）二月三日	後二条天皇
慈眼大師	天海	天台宗	慶安元年（一六四八）四月十一日	後光明天皇
興教大師	覚鑁	真言宗	元禄三年（一六九〇）十二月二十六日	東山天皇
円光大師	源空	浄土宗	元禄十年（一六九七）正月十八日	東山天皇
東漸大師	源空	浄土宗	宝永八年（一七一一）正月十八日	中御門天皇
慧成大師	源空	浄土宗	宝暦十一年（一七六一）正月十八日	桃園天皇
弘覚大師	源空	浄土宗	文化八年（一八一一）正月十八日	光格天皇
慈教大師	源空	浄土宗	文久元年（一八六一）正月十八日	孝明天皇

明照大師	源空	浄土宗	明治四十四年（一九一一）二月二十七日	明治天皇
理源大師	聖宝	真言宗	宝永四年（一七〇七）正月十八日	東山天皇
聖応大師	良忍	融通念仏宗	安永二年（一七七三）十月六日	後桃園天皇
道興大師	実恵	真言宗	安永三年（一七七四）八月十三日	後桃園天皇
法光大師	真雅	真言宗	文政十一年（一八二八）六月二日	仁孝天皇
見真大師	親鸞	浄土真宗	明治九年（一八七六）十一月二十八日	明治天皇
承陽大師	道元	曹洞宗	明治十二年（一八七九）十一月二十二日	明治天皇
慧燈大師	蓮如	浄土真宗	明治十五年（一八八二）三月二十二日	明治天皇
慈摂大師	真盛	天台宗	明治十六年（一八八三）六月二十六日	明治天皇
月輪大師	俊芿	（真言）律宗	明治十六年（一八八三）六月二十六日	明治天皇
無相大師	関山慧玄	臨済宗	明治四十二年（一九〇九）四月七日	明治天皇
常済大師	瑩山紹瑾	曹洞宗	明治四十二年（一九〇九）九月八日	明治天皇
真空大師	隠元隆琦	黄檗宗	大正六年（一九一七）三月七日	大正天皇
立正大師	日蓮	日蓮宗	大正十一年（一九二二）十月九日	大正天皇

微妙大師	授翁宗弼	臨済宗	昭和二年（一九二七）三月二十二日	昭和天皇
円明大師	無文元選	臨済宗	昭和十三年（一九三八）四月十一日	昭和天皇
証誠大師	一　遍	時　宗	昭和十五年（一九四〇）三月二十三日	昭和天皇

［付記］『国史大辞典』所収の「大師一覧」は、大師号を下賜された二十四名の僧を無作為に並べているが、ここには下賜された年代順に並べ替えて収録したことをお断りしておく。

この「大師一覧」によると、真言宗に属する先師は、空海を筆頭に道興《どうこう》大師（実《じち》恵《え》）・法光《ほうこう》大師（真雅《しんが》）、本覚《ほんがく》大師（益信《やくしん》）・理源《りげん》大師（聖宝《しょうぼう》）・興教《こうぎょう》大師（覚鑁《かくばん》）・月輪《がちりん》大師（俊芿《しゅんじょう》）の七名を数える。

また、平安時代に大師号を下賜されたのは最澄・円仁・空海・円珍の四名、鎌倉時代は益信一人だけであり、江戸時代が七名、残り十二名は明治時代以降の下賜であった。

第二は、『望月仏教大辞典』「大師」の項である（『同書』第四巻、三三二六〜七頁）。最初に、「大師」の定義が、

①梵語 śāstṛ の漢訳。パーリ語 satthar. チベット語 ston-pa. 大師範、又は大導師の意。仏又は法、或は人師の敬称なり。

と記される。ついで、その典拠として、『大般涅槃経《だいはつねはんぎょう》』第二十九獅子吼菩薩品《ししくぼさつぼん》・『大孔雀呪王経』巻中・『成実論《じょうじつろん》』第九無明品《むみょうぼん》・『瑜伽師地論《ゆがしじろん》』第八十二をあげて、

②此等は皆仏を以て大師と称するの例なり。

といい、つづいて『仏遺教経《ゆいきょうぎょう》』『善見律毘婆沙《ぜんけんりつびばしゃ》』第一をひいて、

③此等は仏所説の戒及び法を以て滅後の大師となすべきことを説けるものなり。

という。

つぎに、中国における大師の例を、

④後世、支那等に於ては人師中の盛徳あるものを称して大師となし、後又専ら謚号として追贈せらるゝに至れり。

と規定し、著名な僧を紹介する。まず、智者大師・達磨大師など『国史大辞典』があげている諸師の名に加えて、僧朗《そうろう》の摂山大師、智儼《ちごん》の至相大師、慧可の慧可大師、僧璨《そうさん》の僧璨大師、道信の道信大師、弘忍の弘忍大師、智旭《ちぎょく》の始日大師（または藕益《ぐうやく》大師）などが列挙され、「皆私に敬称して大師となせるものなり」という。ついで皇帝から賜わった勅号の例として、

⑤唐宣宗《せんそう》大中二年（八四八）勅して廬山慧遠に辯覚大師の号を贈り、其の後重ねて正覚大師、圜悟《かんご》大師と追謚し、又懿宗《いそう》咸通十一年（八七〇）十一月雲顥《うんこう》に三慧大師、僧徹《そうてつ》に浄光大師、可孚《かふ》に法智大師、重謙《ちょうけん》に青蓮大師、尋《つ》いで又彦楚《げんそ》に明徹大師、

清蘭に慧照大師、大安に延聖大師、洪諲《こうえん》に法済大師の称を賜ひたる如きは並に皆勅号なり。（〇数字筆者）

と紹介する。

最後に、わが国の例を「又本邦に於ては専ら諡号として用ひられ」たとして紹介する。まず、初例として貞観八年（八六六）の最澄（伝教大師）と円仁（慈覚大師）をあげ、ついで天台・真言など各宗にわけて二十二人の僧名が記される。ちなみに、先の「大師一覧」のうち、授翁宗弼《じゅおうそうひつ》（微妙《みみょう》大師）・無文元選《むもんげんせん》（円明《えんみょう》大師）・隠元隆琦《いんげんりゅうき》（真空《しんくう》大師）の三人はその名前がなく、あらたに天台宗の良源《りょうげん》（慈慧《じえ》大師）の名がみられる。また、一遍《いっぺん》の大師号は「証誠《しょうじょう》大師」ではなく「円照《えんしょう》大師」と、慧燈《えとう》大師（蓮如《れんにょ》）の名を兼壽《けんじゅ》と記しているところが異なる。

第三は、『密教大辞典』「大師」と「大師号」の項である（『同書』一四六二・一四六四頁）。まず、「大師」の項目をみると、二つの意味、すなわち①仏に対して用いる場合と

②僧に対して用いる場合のあることが記される。本文をあげると、

（一）大導師の意にして、仏の尊称如来十号の一なり。（中略）密教には特に大日如来を指すこと多し。『声字義』に云く、今大師の提撕《ていぜい》に憑り、此の義を抽出す。『秘蔵宝鑰』上に云く、我が大師薄伽梵其の人なり。

（二）王侯の師、又衆庶の師表たる高僧を云ふ。弘法大師が『御請来録』に「幸に国家の大造・大師の慈悲に頼り、両部の大法を学びき」と説きて恵果和尚を大師と称するが如きこの用例なり。又朝廷より高徳の僧に賜ふ諡号に大師あり。

とある。

つぎに、「大師号」の項目をみてみよう。最初に、「大師号」の定義が、

①朝廷より高僧に賜はる最上の謚号。元来諸仏世尊を三界の大師と称せしより、転じて高僧の尊称となれり。

と記し、ついで、その典拠として『釈氏要覧《しゃくしようらん》』『大師先徳名匠記《だいしせんとくめいしょうき》』『瑜伽論《ゆが》』が引用される。つぎに【起原・沿革】として、まず中国の先例が、

②支那にては唐の懿宗《いそう》の咸通十一年（八七〇）十一月十四日延慶節に際し内道場にて談論を行ひ、左街の雲顥《うんこう》に三慧大師、右街の僧徹に浄光大師、可孚《かふ》に法智大師、重謙に青蓮大師の号を賜ふ。これ大師号あるの始めにして、（中略）

と記される。つぎに、わが国の例を、

③我国にては清和天皇の貞観八年（八六六）七月詔して天台の最澄に伝教大師、円仁に慈覚大師を諡《おく》られしを始めとし、其後空海、円珍亦此例に倣《なら》ふ、これを本朝四大師と称す。

とあげ、つづいて宗祖大師の諡号下賜の経緯を、

④わが宗祖に弘法大師の諡号を賜ひしは醍醐天皇延喜二十一年十月二十七日にして、勅使少納言平惟助《これすけ》勅書を奉戴して高野山の廟前に報告せり。これ前年来寛平法皇並に東寺長者観賢《かんげん》の奏請によるものなり。（○数字筆者）

と記す。そうして、「我国にて大師号を賜はりし高僧は各宗通じて二十余名あり」とし、特に真言僧七名・天台僧六名の諡号と贈られた年月を記す。真言僧は、『国史大辞典』の項であげたので省略する（ただし聖宝の宣下年月日を「宝永四年五月十八日」とする）。ここで、天台僧を記すと、伝教大師（最澄）・慈覚大師（円仁）・智証大師（円珍）・慈慧大師（良源）・慈眼《じげん》大師（天海《てんかい》）・慈摂《じしょう》大師（真盛《しんじょう》）の六名となる（最澄と円仁の宣下年月日を「一説に貞観六年」と記す）。なお、良源は勅号にあらずとの説があり、天台宗では他にも別当《べっとう》大師（光定《こうじょう》）・修禅《しゅぜん》大師（義真《ぎしん》）・寂光《じゃっこう》大師（円澄《えんちょう》）・南山《なんざん》大師（相応《そうおう》）・大楽《たいらく》大師（恵亮《えりょう》）といった私称を用いることを記して説明を終わる。

以上を整理すると、大師号の特色として、

①中国における皇帝からの大師号の下賜は、意外に遅く九世紀半ば以降であったこと、

②わが国において大師号を贈られた僧は二十四名いるけれども、その大部分は江戸時代以降に下賜されていること、

をあげることができる。また、空海への大師号の下賜は、天台宗の最澄・円仁に遅れる五十五年目であった。

なお、ここで一つ付記しておきたい。それは、わが国において、最初に大師号を下賜されたのは、天台宗の最澄（伝教大師）と円仁（慈覚大師）の二人であり、『国史大辞典』は貞観八年（八六六）七月十四日のことであったと記す。しかるに、この時代の正史である『日本三代実録』には、この日の条に、大師号下賜の記録が見あたらない。実

に不思議なことと申しておきたい。ただし、円仁の「慈覚大師」については、『日本三代実録』貞観六年（八六四）正月十四日の条に収載される「円仁卒伝」に、「（貞観）八年追謚《おくりな》して慈覚と曰《い》い、勅《みことのり》して少納言良岑《よしみね》朝臣経世《つねよ》を遣《や》りて、山に就《ゆ》きて宣制《せんせい》せしめ給いき」と記されていた。

第二、寛平法皇による上奏は史実とみなしてよいか

はじめに

諸書にのこる史料によると、空海に大師号をたまわりたい、と真言宗からお願いしたときの上奏（表）文が四通、それに応えて下賜されたときの勅書が一通伝存している。それらを年表風に記すと、つぎのようになる。

延喜十八（九一八）年八月十一日　寛平法皇、贈大僧正空海に諡号を賜わらんことを請わせ給う。

同十八（九一八）年十月十六日　観賢、空海に諡号を賜わらんことを奏請す。

同二十一（九二一）年十月　二日　観賢、重ねて空海に諡号「本覚大師」を賜わらんことを奏請す。

同二十一（九二一）年十月　五日　観賢、早く諡号を賜わらんとの書を草す。

同二十一（九二一）年十月二十七日　贈大僧正空海、「弘法大師」の諡号を賜う。


これによると、空海への大師号の下賜は、寛平法皇による一回と観賢僧正による二回の計三回にわたる上奏をへて、勅許されたと考えられてきた。とはいえ、すべての上奏文を本物とみなしてよいか否か、特に寛平法皇の上奏文に対する先学の見解は分かれている。

そこで、一つ一つの上奏文を検討する前に、従来、いかなる経緯で大師号は下賜されたと考えられてきたか、先学の見解をみておきたい。

(1) 大師号はいかなる経緯で下賜されたか――先学の見解

ここで紹介するのは、つぎの三つの論考である。発表された順に記すと、

①森田龍僊「観賢僧正開扉の真相」(以下、「開扉の真相」。『密教研究』第二五号、一九二七年七月)

②蓮生観善『弘法大師伝』(以下、『大師伝』。高野山金剛峯寺弘法大師一千百年御遠忌事務局、一九三一年六月)

③守山聖真『文化史上より見たる弘法大師伝』(以下、『文化史伝』。豊山派弘法大師一千一百年御遠忌事務局伝記課、一九三四年八月)

となる。

このなか、①と②は、延喜十八年(九一八)八月の寛平法皇による上奏文は真撰であり、大師号の下賜に大いに力があったとみなすが、③は上奏文の寛平法皇の真撰を疑っ

ている。また、同二十一年十月五日付の観賢の三度目の上奏文は、書いたけれども提出されるには至らなかったとみなす見解で、三書はほぼ一致している。以下、個々の文章にあたって、具体的にみておきたい。

はじめに、寛平法皇の上奏文を史実と認める①と②を紹介したい。森田龍僊師は「開扉の真相」で、

抑《そもそも》、諡号奏請の最初は、延喜十八年八月十一日付になれる、恐れ多くも寛平法皇の御上表がそれである。思うにこれは（観賢）僧正の内奏懇請が預かって大いに力あったことであろう。

（四四頁・傍線筆者）

といい、寛平法皇の上奏を全面的に信じている。

蓮生観善師『大師伝』では、寛平法皇を諡号下賜の発議者とみなしている。すなわち、

その事を㋐第一番に発言せられたのは、宇多天皇様でありました。大師号を空海和尚に追贈して頂きたいと云う事を、初めて願出でられたのは、宇多天皇様でありま す。宇多天皇は大師のお徳を慕い、出家して真言の灌頂を受け、御名を空理と称せられ、京都仁和寺を御建立遊ばされた御方であります。宇多天皇は御出家後、寛平法皇と申上げて居りましたが、㋑延喜十八年八月十一日に、醍醐天皇に対し、真言の根本阿闍梨贈大僧正法印大和尚位空海に諡号を追贈せられんことを請うの表を奉られました。その表文の中に、

朝家以て鎮護息災の要と為し、緇流以て出世悉地の用と為す。当今民旧《もとよ》り、道盛んに、人亡びて名新なり。仏法猶《なお》尋崇の道を貴《たっと》ぶ。王法何んぞ追餝《ついしょく》の典を廃し玉はん。望み請ふ諡号を南岳に贈り、秘教を北闕《ほっけつ》に興さんことを。今ま懇款《こんかん》の至りに任へず。謹で事状を注し、上表以聞す。

と仰せられ、空海大和尚にどうぞ大師号を贈って頂きたいと御奏請あらせられたのであります。（中略）元来㋒此の問題につきての発議者は寛平法皇にて、寛平法皇は醍醐天皇の御父君であり、醍醐天皇と寛平法皇とは御親子の間柄であらせらる、

と共に、（中略）故に此の問題につきても書面の奏請は表面の事にて、内部にては御親子親しく御相談の上の事に違いないと信じます。

（六七三〜五頁・○記号・傍線筆者）

とあって、最初の上奏が法皇によって行なわれたことを微塵も疑っていない（傍線部㋐㋑㋒）。

これら二つの見解に対して、守山聖真『文化史伝』は、寛平法皇の上奏を疑っている。やや長文の引用となるけれども、本文をあげてみよう。

この諡号奏請の歴史を見るに、伝教大師は遷化後四十四年にして貞観八年七月十三《ママ》日に諡号宣下があり、慈覚大師も同日の宣下であるから、これは入滅後僅《わず》かに三年目である。こうした方面から見ると、我が大師の諡号宣下のあったのは、定後八十七年目であるから、相当に長い年月を経過して居る。㋐大師に最初に諡号宣下を奏請したのは、寛平法皇であるとせられて居る。それは『諡号雑記』並に『続年譜』第三にその表文がある。『続年譜』は、『諡号雑記』から採ったものであろう。観賢また同年十月十五《(ママ)》日に上表奏請して居ることを『諡号雑記』に記して居り、㋑『正伝』附録には後者を採録して居るが、寛平法皇のものと称する表文は之を載せて居ない。之はその確実性を疑ったものであろう。

㋒事実これは文章も粗雑にして、記事も相違して居る個所もあり、荘重である可き法皇の上表文としては、余りに重みが欠けて居る許《ばか》りでなく、全く貞願寺座主の『贈大僧正空海和上伝記』と同様のものであることである。寛平法皇でないとしても、表請文としてはその体をなして居ない。若しこれを以って、法皇の表請文とすれば、それは法皇を誤まるものではなかろうか。それは次の如くである。(表請文を引用するも略す)

延喜十八年八月十一日

この日付が『続年譜』第三では十六日になって居る。これは確実なものではなく、㋓要するに偽作者があって、寛平法皇の如き至尊が大師の為めに諡号を奏請したとして、大師伝に光彩を添えんと試みたものであろう。

（八八五～七頁・○記号・傍線筆者）

守山論考では、寛平法皇の上奏文を疑わしいとみなす理由を二つあげる。第一は、杲宝撰『諡号雑記』と得仁撰『続弘法大師年譜』は法皇の上奏文を収録しているが、天保四年（一八三三）に高演《こうえん》が撰述した『弘法大師正伝』は収載していないから疑わしいとみなす（傍線部㋑）。しかし、なぜ、高演の著作を基準にするかは明確にされていない。第二は、文章が粗雑な上に誤記もあり、法皇の上奏文としては荘重さに欠けるとみなす（傍線㋒）。そうして、「大師伝に光彩を添えようとして偽作されたものであろう」（傍線㋓）と、結論づけている。

以上、三つの先行研究のうち、③『文化史伝』だけが延喜十八年八月十一日付の寛平法皇上奏文を偽作とみなしていた。このことは、ひいては大師号の下賜を願う運動そのものへの法皇の関与もなかったことを意味するのか。このことを含めて、法皇上奏文の真偽について、いま少し詳しく検討しておきたい。

（2）寛平法皇の上奏文

ここにいう上奏文とは、延喜十八年（九一八）八月十一日付のものであり、古来、寛平法皇が空海に諡号を賜わらんと奏請せられたときのものと考えられてきた。何はともあれ、まず、この上奏文の全文をあげてみよう。ここには、杲宝撰『諡号雑記』の「弘法大師諡号の事」にもとづいて記すことにする。

はじめに、上奏文全体の構成を記しておくと、その前半には、寛平七年（八九五）三月十日の奥書をもつ貞観寺座主《じょうがんじざす》撰『贈大僧正空海和上伝記』（以下、『寛平御伝』と略称す）のほぼ全文が引用され、その後半には、諡号を下賜せられんことを懇請する文章が記されている。

そこで、上段に寛平法皇撰とみなされてきた「請賜諡号表」を、下段に『寛平御伝』の本文をあげ、『寛平御伝』と同文のところは○数字で示し、新たに作成・付加されたところにはカタカナの五十音順の番号を付してあげることにする。

なお、『寛平御伝』は真言宗内で書かれた一等古い空海の伝記であるとともに、いくつか注目すべき記述がみられるので、長文とはなるが、あえて上奏文の全文を収録することにした。

【史料2】寛平法皇撰「請賜諡号表」と『寛平御伝』対照表　※〈 〉は二行割注

寛平法皇撰「請賜諡号表」	『寛平御伝』
追って諡号を真言根本阿闍梨贈大僧正法印 大和尚位空海に贈られんことを請うの事	
右空海、元是れ	初は
①讃岐の国多度郡、俗姓は佐伯氏なり。	①讃岐の国多度郡の人。姓は佐伯氏。 後に京地の俗に移貫す。
	②去じ宝亀五年甲寅に誕生す。殊に異 相有り。
③生年志学にして、外甥《がいせい》(ママ)伊予親王の文学・阿刀	③延暦七年戊辰、外舅伊予親王の文学

大足に就いて、伏膺《ふくよう》し讃仰す。	阿刀〈其の名未詳〉に就いて始めて学問す〈時年十五〉
④歳二九に及んで、槐市《かいし》に遊聴して経籍を歴学す。	④十年幸いに槐市に遊聴して経籍を歴学す。〈時年十八〉
⑤厥《そ》の後、念々に避世の心有り。求めて沙門に附して虚空蔵聞持の法を受け学び、遂に黌門《こうもん》を出でて山林に経行す。	⑤厥の後、心中に漸く避世の志有り。沙門に就いて虚空蔵求聞持の法を学ぶ。遂に黌門を出でて山林に経行す。
⑥阿国大瀧岳に躋《のぼ》り攀《よ》じ、土州室生戸崎に勤念す。谷響きを惜しまず、明星来影す。名山霊窟を尋ぬ。	⑥或は阿波の大瀧岳に躋《のぼ》り、或は土左の室生の崎に勤む。谷響きを惜しまず、明星来影す。既に法験を蒙り始めて成就を獲たり。
	⑦是より先、播磨国に於いて、旅中、路辺の隘廬《あいろ》に寄宿す。老媼《ろうう》出で来り、飯を鉄鉢に盛りて和上に供養し、語て云わく。妾《わらわ》は元《もと》行基菩薩の弟子の僧の

	未だ出家せざりし時の妻なり。彼の僧、存日に此の鉄鉢を以て妾に授けて曰く。後代に聖有り。汝が宅に来宿せん。須く此の鉢を捧げて汝が芳志を陳《の》ぶべしと。今来客に謁して殊に感ずる所有り。是を以て供養すと。仍《より》て其の語を感ず。
⑧伊豆国桂谷寺に往き、『大般若経』「魔事品」を虚空中に書写す。明らかに六書八体の文字の点画を見る。	⑧伊豆国桂谷山寺に往き、『大般若経』「魔事品」を虚空中に書写す。六書八体の文字の点画を見る。始めて筆を揮い憶様咸懸瞼監視（この七字難訓）。奇異の事勝て述ぶべからず。
⑨仏心弥いよ深く、出家して沙弥と為《な》る。〈時に年廿五〉	⑨其の明年、剃髪出家して沙弥と為る。〈時に年廿五〉
⑩延暦廿三年四月九日、東大寺の戒壇院に於いて具足戒を受く。〈時に年三十一〉	⑩延暦二十三年（十四年イ）四月八日、東大寺の戒壇院に於て具足戒を受く。

	〈時に年三十一〉
⑪同年六月。命を留学に銜《ふく》んで、大使藤原葛野麿と同じく第一船に上りて、咸陽に発赴す。	⑪同年六月。命を留学に銜《ふく》んで、大使藤原葛野麿に随て同じく第一船に上りて、咸陽に発赴す。
⑫八月、福州に到り着岸す。	⑫八月、福州に到りて着岸す。十月十三日、書を福州の観察使に与う。
⑬十二月下旬、長安城の宣陽坊に到る。	⑬十二月下旬、長安城の宣陽坊に到り、官宅に安置せらる。
⑭廿四年二月十一日、大使等、軔輞《じんもう》（とめぎ）を本朝に旋《めぐ》らす。唯だ空海、勅に准じて西明寺永忠僧都の故院に配住す。	⑭二十四年二月十一日、大使等、軔《かなえ》を本朝に旋《めぐ》らす。唯だ空海、勅に准じて西明寺永忠僧都の故院に配住す。
⑮是《ここ》に於いて城中を歴て名徳を訪うに、偶然《たまたま》青龍寺東塔院の和尚《かしょう》、法の諱《いみな》恵果阿闍梨に遇い奉《たてまつ》る。和尚、一たび見て相い悦ぶこと甚だ深し。即ち相	⑮是《ここ》に於いて城中を歴て名徳を訪うに、偶然《たまたま》青龍寺東塔院の和上、法の諱《いみな》恵果阿闍梨に遇い奉《たてまつ》る。空海、西明寺の

い語りて云わく。吾れ前《さき》に汝が来儀することを知れり。吾れ既に命迫れり。汝早く秘密真言の道を受けよ、と。即ち頂きに香水を灌《そそ》ぐ。	志明・談勝法師等五六人と与《とも》に、同じく往きて和上に見ゆ。
⑯六月上旬、始めて胎蔵の大法に入り学ぶ。	⑯六月上旬、学法灌頂壇に入て、始めて胎蔵の法を受く。
⑰七月上旬、更に金剛界の大法を受学す。	⑰七月上旬、更に金剛界の法を受く。
⑱八月上旬、重ねて伝法阿闍梨位の灌頂を受く。兼ねて真言の教文・両部の大曼荼羅・道具・仏舎利・種々の法具を□（請う）。	⑱八月上旬、また伝法阿闍梨位の灌頂を受く。兼ねて真言の教文、両部曼荼羅、道具、種々の法物等を請う。
⑲其の年の十二月十五日、和尚、吾が道既に汝に与へ畢《おわ》んぬ。蘭湯に沐し、右脇にして入滅す。	⑲其の年十二月十五日、恵果和尚入滅す。
⑳大同元年十月廿二日、法文を請来するの状を、判官正六位上行太宰大監高階真人遠成に附して上表す。	⑳大同元年十月廿二日、法文を請来するの状を、判官正六位上行太宰大監高階真人遠成に附して上表す。

㉑弘仁十一年十月廿日、皇帝勅書をもって大法師位を授けたまう。〈時に年四十七、臘十七〉	㉑和上十一月二十日（弘仁十一年十月二十日歟）上表（此二字恐衍）す。皇帝御書をもって大法師位を授く。〈時に年四十七、臘十七〉
㉒天長年中、旱災有り。帝、和尚をして神泉苑に於いて、膏《こう》雨《う》を祈請せしむ。明天感有り、大雨滂《ぼう》沱《だ》たり。仍《より》て其の功を賀して、僧都に任ず。	㉒天長年中、旱災有り。皇帝、和上に勅して神泉苑に於いて膏雨を祈らしむるに、自然に滂沱たり。仍《より》て其の功を賀して、少僧都に任ず。
㉓未だ幾ばくならざるの際、大僧都に転任す。	㉓未だ幾ばくならざるの際、大僧都に転任す。
㉔爰《ここ》に和尚、奏聞して東寺を以って真言の寺と為《す》。	㉔爰に和上、奏聞して東寺に於いて真言宗を建て秘密蔵を興す。
㉕承和二年病に嬰《かか》りて高野の峯に隠居す。金剛峯寺と謂う、是れなり。	㉕承和二年、病に嬰りて金剛峯寺に隠居す。

㉖同三年三月廿一日、和尚卒去す。〈時年六十三、臈三十三〉	㉖三年三月二十一日卒去す。〈時年六十三、臈三十三〉
㉗仁寿年中、弟子の僧正真済、奏して大僧正を贈らること已《すで》に畢んぬ。	㉗仁寿年中、僧正真済上奏して、大僧正を贈り畢んぬ。
	㉘和上、智行挺出《ていしゅつ》にして、屢《しばしば》異標有り。後葉の末資、委しく聞くこと能わず。仍て且《しばら》く一端を録して、謹んで以て上聞《じょうぶん》す。謹んで言《もう》す。
㉙貞観に至りて、舎弟真雅、奏して法印の新号を贈らる。	
	寛平七年三月十日　貞観寺座主
㉚夫れ以《おもんみ》れば、 ア　秘教の根源は、尤も南岳の師に在り。 イ　彼の法流に沐するの者は、誰か其の旧迹を仰	

がざらん。
ウ　請来の法文、総じて二百一十六部四百六十一巻、
エ　宗建ち人出でて、朝家以て鎮護息災の要《かなめ》と為《す》。
オ　道弘まり行定まりて、法流以て出世悉地の用と為《す》。
カ　当今《いま》、民旧《もとよ》り道盛んに、人亡びて名新たなり。
キ　仏法、猶《なお》尋崇の道を貴《たっと》ぶ。
ク　王法、何ぞ追餝《ついしょく》の典を廃したまわん。
ケ　望み請うらくは、謚号を南岳に贈わり、秘教を北闕《ほっけつ》に興さんことを。今懇款《いまこんかん》の至りに任へず。
コ　謹んで事の状《さま》を注し、誠恐誠惶、上表以聞す。伏して処分を請う。

延喜十八年八月十一日

〔付記〕「請賜謚号表」は『弘法大師全集』第五輯所収本（四〇七～九頁）を、「寛平御伝」は『弘

法大師伝全集』第一所収本（三七〜八頁）を用いた。

先にも記したように、○数字の前半①〜㉙は空海の事績を記したところであって、『寛平御伝』をほぼそっくりの形で引用していることは、一目瞭然である。一方、後半のカタカナ番号のア〜コは、大師号を奏請するために、新たに作成・付加された文章である。前半・後半にわけて、問題点を指摘しておきたい。

あ、上奏文の前半

先にあげた『文化史伝』が、

事実これは文章も粗雑にして、記事も相違して居る個所もあり、荘重である可き法皇の上表文としては、余りに重みが欠けて居る許《ばか》りでなく、全く貞願寺座主の『贈大僧正空海和上伝記』と同様のものであることである。

と指摘するように、『寛平御伝』からの引用文が大部分を占めるとはいえ、『寛平御伝』とまったく同じではない。

大きく相違する点をあげると、上記の上奏文のなか、欠番になっている②⑦㉘の三つの文章は完全に欠落している。②は、誕生にかかわる記述であり、⑦は、播磨国で行基菩薩の弟子僧の出家する前の妻から鉄鉢にご飯をもって供養される話である。㉘は、空海の智恵・徳行は他をはるかに抜きんでていて、しばしば不可思議なできごとがあったこと、並びにこの『寛平御伝』が天皇に呈上されたことが記されていた。

参考までに、『寛平御伝』の本文を再録してみよう。

②去じ宝亀五年甲寅に誕生す。殊《こと》に異相あり。

⑦是より先、播磨国に於いて、旅中、路辺の隘盧《あいろ》に寄宿す。老嫗《ろうう》出で来り、飯を鉄鉢に盛りて和上に供養し、語て云わく、「妾《わらわ》は元《もと》行基菩薩の弟子の僧の未だ出家せざりし時の妻なり。彼の僧、存日に此の鉄鉢を以て妾に授けて曰く。『後代に聖あり。汝が宅に来宿せん。須く此の鉢を捧げて汝が芳志を陳《の》ぶべし』と。今来

客に謁して、殊に感ずる所有り。是を以て供養す」と。仍《より》て其の語を感ず。㉘和上、智行挺出《ていしゅつ》にして、屢《しばしば》異標有り。後葉の末資、委しく聞くこと能わず。仍て且《しばら》く一端を録して、謹んで以て上聞《じょうぶん》す。謹んで言《もう》す。

これに対して、上奏文にあって『寛平御伝』に見あたらないのは、法印の僧官を贈られたことを記す㉙だけである。

このほか、両者に同じ項目が見られるものの、文章に長短があるなど、少なからず異なるのが①⑧⑫⑮⑯㉔の六つである。これらのなか、もっとも相違するのが恵果和尚との出逢いを記す⑮であった。『寛平御伝』をA、上奏文をBとして本文を対比させると、つぎのようになる。傍線部は、ほぼ同文のところを示す。

A是《ここ》に於いて城中を歴て名徳を訪うに、偶然《たまたま》青龍寺東塔院の和上、法の諱《いみな》・恵果阿闍梨に遇い奉《たてまつ》る。空海、西明寺の志明・談勝法師等五六人と与《とも》に、同じく往きて和上に見《まみ》ゆ。

B是《ここ》に於いて城中を歴て名徳を訪うに、偶然《たまたま》青龍寺東塔院の和尚《かしょう》、法の諱《いみな》・恵果阿闍梨に遇い奉《たてまつ》る。和尚、一たび見て相い悦ぶこと甚だ深し。即ち相い語りて云わく。吾れ前《さき》に汝が来儀することを知れり。吾れ既に命迫れり。汝早く秘密真言の道を受けよ、と。即ち頂きに香水を灌《そそ》ぐ。

煩雑になるので、残りの五つの本文はあげないけれども、上奏文の前半は、大筋で『寛平御伝』とほぼ同じ内容であることは間違いない。

い、問題の残る上奏文の後半

問題が残ると考えられるのが、後半部の新たに付加された文章である。どこが問題となるのか。その第一は、今一つ意味が明確に取れないこと、第二は上奏文として威厳さに欠けるきらいがあること、である。

ともあれ、上奏文ア～コの現代語訳をあげてみよう。辞書類に出てこない語句もあり、試訳の域をでないことを、はじめにお断りしておきたい。

ア、わが国における秘密仏教の根源は、南岳の師すなわち空海にはじまります。

イ、空海の法流を受法したものは、誰一人、空海の旧跡を仰ぎ讃えないものはありません。

ウ、空海がわが国に請来した経論類は、総計二百十六部四百六十一巻にのぼります。

エ、真言宗が確立し法を相承する僧も多く輩出するにおよんで、朝廷は真言宗を鎮護国家の中心におかれました。

オ、秘密の教えが弘通し業行も定まったことから、この法流をもって仏道修行の究極である悉地成就のはたらきが増しています。

カ、現今、人々は（あまり）変わっていないけれども仏道は盛んとなり、人は滅び去る（運命である）けれども、その名は新たに（讃嘆される）でありましょう。

キ、仏法では、死後にその人の事績を崇め尊ぶことを行なってきました。

ク、王法では、死者を讃える規範を廃されたのでありましょうか、いえそんなことはないはずでございます。

ケ、そこでお願いいたしたきことは、諡号《おくりな》を南岳の師（＝空海）に賜わりますとともに、この秘密の教えを宮廷内にも盛んにせんことでありますす。誠心誠意のお願いであります。

コ、謹んで事の成り行きを記録いたしまして、恐れながら、お願い申しあげる次第でございます。何とぞご高意を賜わりますように。

正直申して、カ・キ・クのあたりが今一つよく分からない。

う、上奏文は寛平法皇の真撰か

さて、これまでみてきた延喜十八年八月十一日付の上奏文は、はたして寛平法皇の真撰とみなしてよいか。先学の見解は二つに分かれている。

第一は、この上奏文は寛平法皇の真撰であり、大師号の下賜に大いに力があったとみなす説である。著者と著述名をあげると、つぎの九説となる。

①杲宝《ごうほう》は『我慢鈔《がまんしょう》』に「大師諡号の事、延喜十八年、忝くも寛平法皇御奏聞せらるなり。同年般若僧正、同じく上表す。同二十一年僧正重ねて之を上表す、と云云」と記し、法皇の上奏を認めている。

②賢宝《げんぼう》は『弘法大師行状要集』第六に、「私に云く。諡号の事、延喜十八年八月十一日宇多法皇御奏表せらる〈案文別に在り〉。又観賢僧正、時に権大僧都の延喜十八年、同二十一年の両度上表す」といい、師の杲宝と同じ見解がみられる。

③泰円《たいえん》は『野山名霊集《やさんめいれいしゅう》』巻第三に「去（延喜）十八年忝寛平法皇御奏聞有て大師の諡号をこはせ玉い」といい、法皇の奏聞ありとみなす。

④得仁《とくにん》は『続弘法大師年譜』第三に、「同二十一年十月二十七日　勅して諡号弘法大師を賜う。是れに先だち、十八年寛平法皇及び観賢、相次いで之を奏し、勅許因《いん》循《じゅん》たり」と、やはり法皇の上奏を疑っていない。

⑤釈雲照は『大日本国教論』で、「詔書の文、分明に法皇追憶の旨を記す。凡《およ》そ皇朝に仏教が東流して以来、大師国師等の諡号を賜う碩徳高僧多しと雖も、太上皇帝宸撰の抗表、独り我が高祖弘法大師のみ。誰か尊重せざるべきや」と、法皇の上奏を

信じきっている。

⑥長谷宝秀は『弘法大師伝全集』第一で、上表文を引用したあとに、「寛平法皇ノ御製ナリ。大師号ノ勅書ニ『況ヤ太上法皇既ニ其ノ道ヲ味ヒ、其人ヲ追憶シタマフヲヤ』トアルハ、此ノ上表アリタルニ依ルナリ」と、やはり法皇の真撰であることを信じている（『同書』四二頁）。

⑦『密教大辞典』「大師号」の項で、「これ前年来寛平法皇並に東寺長者観賢の奏請によるものなり」と記す。

⑧森田龍僊は「観賢僧正開扉の真相」で、「謚号奏請の最初は、延喜十八年八月十一日付になれる、恐れ多くも寛平法皇の御上表がそれである。思うにこれは（観賢）僧正の内奏懇請が預かって大いに力あったことであろう」と、最初の奏請を法皇とみなす。

⑨蓮生観善は『弘法大師伝』で、「その事を第一番に発言せられたのは、宇多天皇様でありました。大師号を空海和尚に追贈して頂きたいと云う事を、初めて願出でられたのは、宇多天皇様であります」と、大師号下賜の端緒を法皇とみなす。

［付記］①②④⑤の四つは、長谷宝秀編『弘法大師全集』第五輯『追懐文藻』の註記にもとづいた（四〇九頁）。

第二は、上奏文は寛平法皇の御作にあらず、とみなす説である。これは一説だけで、守山聖真『文化史伝』である。守山師は、その根拠を四つあげる。すなわち、

ア、杲宝撰『諡号雑記』と得仁撰『続弘法大師年譜』は法皇の上奏文を収録するが、天保四年（一八三三）に高演が撰述した『弘法大師正伝』は収載していないから疑わしい（なぜ、高演の著作を基準にするかは明記しない）。

イ、文章が粗雑な上に誤記もあり、法皇の上奏文としては、荘重さに欠ける。

ウ、文章の大部分が『寛平御伝』と同じである。

エ、表請文としての体をなしていない。

という。これらをうけて、「若しこれを以って、法皇の表請文とすれば、それは法皇を

誤まるものではなかろうか」と記し、かえって「贔屓《ひいき》の引き倒し」となり、寛平法皇を冒涜《ぼうとく》する結果となろうとまでいい、「大師伝に光彩を添えようとして偽作されたものであろう」と結論づけている。

最後に、私見を記しておく。私も上奏文を寛平法皇の真撰とみなすことはできない、と考える。それは、つぎの二つの理由による。第一は、寛平法皇はきわめて賢明な天皇であり、漢詩文にもよく通じておられた。したがって、もし法皇が上奏文を草されたとするならば、空海の事績を記すのに『寛平御伝』をほぼそっくり引き写すようなことはなさらなかったと考える。法皇の教養は、漢文で書かれた日記『寛平御記』や醍醐天皇に与えられた『寛平御遺誡』をみれば、一目瞭然である。

第二は、後半の諡号の下賜を願っている文章のなかに、意味不明な箇所があることである（カ〜ク）。あえて言えば、延喜十八年十月十六日付の観賢の上表文と、内容的に重なる部分があるように見受けられ、この観賢の上表文を下敷きにしたため、不明瞭な表記になったとみなすこともできると考える。

このように、上奏文そのものを寛平法皇の真撰とみなすには、文章があまりにも粗雑であり、法皇が『寛平御伝』をご覧になっておられたことは確かであるとはいえ、それをほぼそっくり引用するとは、どのように考えても見識がないといえる。

以上より、延喜十八年八月十一日付の上奏文は、寛平法皇の真撰とみなすことはできない。とはいえ、寛平法皇が大師号の下賜に重要な役割をはたされたことは、大師号が下賜されたときの勅書に、

況や太上法皇、既に其の道を味わい、追って其の人を憶う。

と記されていることから間違いない。

第三、観賢僧正による二度の上奏

観賢僧正が空海に諡号《しごう》を下賜していただきたい、とお願いされた上奏文が、二通伝存する。すなわち、

第一通、延喜十八年（九一八）十月十六日付……撰者・大江千古《おおえのちふる》

第二通、延喜二十一年（九二一）十月二日付……撰者・三善文江《みよしのふみえ》

である。第一通目から、その本文と特筆すべき点をあげてみよう。

（1）第一通、延喜十八年（九一八）十月十六日付　観賢僧正上奏文

はじめに、上奏文の本文と現代語訳をあげておく。

【史料3】『追懐文藻《ついかいぶんそう》』（『弘法大師全集』第五輯、四一〇頁）

㋐観賢〈式部少輔大江千古《おおえのちふる》、観賢に代りて文を作る〉

諡号を真言根本阿闍梨贈大僧正法印大和尚位空海に追贈せられんことを請うの

事

右、空海、

ア　智慧《ちえ》鏡を懸け、戒定珠《たま》を護る。
法水の芳流を酌み、禅門の偉器《いき》為《た》り。

イ　爰《ここ》に命《めい》を魏闕《ぎけつ》に銜《ふく》んで、迴《めぐる》に滄溟《そうめい》を渉《わた》り、
道を唐家に問《と》って、遂に玄妙を窮《きわ》む。

ウ　如来秘密の旨、伝印相承し、恵果甚深の詞《ことば》、写瓶《しゃびょう》して漏《も》らさず。
其の帰日に臨んで請来《しょうらい》の法文、都盧《すべて》二百十六部四百六十一巻、
皆な是れ護国の城郭《じょうかく》、済世の舟楫《せんしゅう》たる者なり。

エ　闍梨、其の道至って優《すぐ》れ、其の徳 弥《いよいよ》広し。

オ　公私共に帰依の意《こころ》を寄せ、緇素《しそ》争って欽仰の誠を凝《こ》らす。

カ　況《いわ》んや復《また》、門徒業《ごう》を受くる者、肩を比《なら》べて相い連なれり。
弟子風に染《そ》む者、跡を継いで絶えず。

キ　其の大阿闍梨為《た》ること、世を歴ると雖《いえど》も知るべし。

ク　只だ贈位の勅《みことのり》のみ有って、曾《かつ》て礼諡《れいし》の栄《えい》無し。
ケ　茲《ここ》に因《よ》って真言を習うの侶《ともがら》、草書を学ぶの流《たぐい》、其の称揚に当って、動《やや》もすれば忌諱《きい》に触れん。
コ　方《まさ》に今、当時の恩朽株《きゅうしゅ》に被《こうむ》り、仁枯骨《じんここつ》を霑《うるお》すこと、既に千年の運に遇う（過ぎんイ）。何ぞ万代の名を埋めん。
サ　望み請うらくは、殊《こと》に天の恩裁を蒙《こうむ》り、将《まさ》に諡号を追賜せられんことを。懇切の至りに任えず。仍《より》て事の状《さま》を録して、謹んで処分を請う。

延喜十八年十月十六日　　権大僧都法眼和尚位観賢

㋑乃《すなわ》ち允許《いんきょ》の天気を蒙ると雖も、未《いま》だ施行《しこう》の明詔有らず。（記号・傍線筆者）

〔現代語訳〕

諡号《おくりな》を真言の根本阿闍梨・贈大僧正法印大和尚位の空海に追贈せられんことをお願いする事

右、空海は、

ア　智慧をよりどころとして掲げ、戒定慧の三学を宝珠のように護って、仏法の最高の教えである密教を学び、禅定門の偉大な師となられました。

イ　ここに朝廷から命をうけ、留学僧として大海をわたり、仏道を唐の長安に求め、ついに奥深い教えを余すところなく体得されました。正統なる如来秘密の教えを誤りなく相承し、恵果和尚《けいかかしょう》の甚深なる教えを一滴たりとも漏らすことなく伝えられました。

ウ　その帰朝に際してわが国に請来した法文は、すべて二百十六部四百六十一巻、これらはみな国を護る城に等しい教えであり、世の人びとを彼岸に渡す舟であります。

エ　大阿闍梨たる空海が求めえた教えはこの上なく優れ、またその徳は広大無辺であります。

オ　天子様をはじめ多くのひとが親しく帰依し、僧も俗人もきそって欽仰の誠をささげました。

カ　まして、その法を受け一門に入ったものは数多くあり、今に相続いています。空海の教えを慕い信奉するものも跡を絶たず、しっかり受け継がれています。

キ　空海が大阿闍梨であったことは、時代が移っても正しく知るべきであります。

ク　これまではただ、贈位を下賜されただけでありまして、いまだ諡号《おくりな》の栄誉には預かっておりません。

ケ　よってここに真言密教を習っている侶《ともがら》、また草書を学んでいる流《ともがら》が、空海を称揚するあまり、どうかすると天子様のお怒りにふれないかと恐れています。

コ　今まさにご恩を（朽株に）賜りますならば、その仁徳によって生命がよみがえり、まぎれもなくその誉れは千年におよび、万代にもその名は伝わるでありましょう。

サ　お願いいたしたきことは、天子様の特別の思し召しをこうむりまして、正に諡号《おくりな》を追賜せられんことであります。本心からの真のお願いでございます。そのため、お願いにいたった経緯を記しまして、謹んでご聖断をお願いいたす次第でございます。

延喜十八年十月十六日　権大僧都法眼和尚位観賢

(い)かくて允許するとのご意向をこうむったけれども、実際に詔勅《しょうちょく》を下されるまでにいたらなかった。

この上奏文には、特筆すべきことが三つある。

第一は、巻首に、「式部少輔《しょうゆう》であった大江千古《ちふる》、観賢に代りて文を作る」とあって、この上奏文は、観賢から依頼を受けて、式部少輔大江千古が代作したものであった。千古は、「本朝秀才のはじめ」といわれた大江音人《おとひと》の子で、従四位上式部少輔であったが、残念ながら、詳しい経歴はわからない。兄に三十六歌仙のひとり大江千里《ちさと》がいた。これらより、千古は学問の家、学者の家系に生まれ、育ったことが知られるのである。

第二の特筆すべきことは、本文中のクに、

只だ贈位の勅《みことのり》のみ有って、曾《か》って礼謚《れいし》の栄《えい》無し。

〔現代語訳〕

これまではただ、贈位を下賜されただけでありまして、いまだ謚号《おくりな》の栄誉には預かっておりません。

と記す「贈位」である。ここにいう「贈位」とは、つぎの二つのことをいったものと考える。

一つは、天安元年（八五七）十月二十二日、真済《しんぜい》の上表によって、空海に大僧正位が追贈されたことである。真済の上表とは、天安元年十月十七日付のつぎのものである。

【史料4】『高野大師御広伝《こうやだいしごこうでん》』（『弘法大師伝全集』第一、二七〇頁）

沙門真済言《もう》す。

臣《しん》一善を得ては則ち必ず其の君に献ず。子《し》一善を得ては則ち必ず其の父に輸《おく》る。真済の先師・空海禅師は、去る延暦の末年、遠く大唐に入り秘法を学得す。大風樹《たいふうき》を抜くの災、澍雨陵《じゅうおか》に襄《のぼ》るの異、詔《みことのり》を奉《うけたまわ》り結念すれば期に応じて消滅す。上国の真言、此より始めて興り、聖邦の灌頂此より方《まさ》に行わる。真済等毎《つね》に思う。先師の功大にして賞少なく、節屈して名下れりと。

伏して惟れば、皇帝陛下、大いに天工《てんこう》に代り世範《せいはん》を成立し、能く道中を得て品物《ひんぶつ》を亭育《ていいく》す。

伏して乞う、真済所帯の僧正を譲って、禅師の煢魂《けいこん》に贈らんことを賜許したまえ。然れば則ち、陛下忽ちに聖沢《せいたく》九泉《きゅうせん》を潤すの大恵を顕わし、人天必ず礼骸報主の深志を竭《つく》さん。今懇誠《こんせい》追慕の心に任えず。謹んで奉表以聞《いぶん》す。

伏して願わくば鴻慈微誠《こうじびせい》を照察せよ。真済誠惶誠恐、謹言。

天安元年十月十七日　　　沙門僧正伝灯大法師位上表す

文徳天皇は同月二十二日、この真済の上表に応えて、空海に僧正位を追贈された。そのときの記録が、正史《せいし》の一つ『日本文徳天皇実録《にほんもんとくてんのうじつろく》』天安元年（八五七）十月二十二日の条に見られる。これは宣命書きとなっている。

【史料5】『文徳天皇実録』九（『新訂増補国史大系』第四巻、一〇三～四頁）

法師等に詔《みことのり》して曰《まをさ》く。天皇《すめら》が詔旨《おほみことらま》と、法師等《ほうしたち》に白《まを》さへと。勅《のりたまふ》命《おほみこと》を白《まをさく》、僧正真済大法師上表《ふみたてまつり》て以為《おもへらく》、故《もと》大僧都空海大法師は、真済が師なり。昔延暦年中、海を渡りて法を求む。三密の教門此より発揮す。諸宗の中、功二《ふたつ》と無し。願う所は、僧正の号を以て、将に先師に譲らんとす、者《てへり》。

師資其の志既に切なるを知ると雖も、朕が情に在っては、未だ許容有らず。仍《より》て今先師《さきのし》をば、大僧正の官《つかさ》を贈賜《おくりたま》ひ治賜《をさめたま》ふ。真済大法師をば、如旧《もとのごと》く、僧正の官に任賜事《まけたまふこと》を。白《まを》さへと詔勅命《のりたまふおほみこと》を白《まを》す。（傍線筆者）

この詔勅によると、真済はみずからが賜わった「僧正位」を師に譲りたいと願いでたのに対して、文徳天皇は師の空海には「大僧正位」を贈り、真済の「僧正位」はそのままとする、と応答したのであった。これより、天安元年（八五七）十月二十二日、空海が「大僧正位」を賜わったことを知りうる。

「贈位」のいま一つは、七年後の貞観六年（八六四）三月二十七日、空海に法印大和上

（尚）位が追贈されたことである。この贈位は、『日本三代実録』貞観六年三月二十七日の条に記録がある。すなわち、

【史料6】『日本三代実録』八（『新訂増補国史大系』第四巻、一三四頁）

廿七日癸丑《きちゅう》、贈大僧正伝灯大法師位空海、延暦寺座主伝灯大法師位最澄に、並びに法印大《だい》和上位《かしょうい》を贈る。

とあって、最澄とともに法印大和上位を贈られたのであった。

この「法印大和上位」は、同年二月十六日、新たに制定された僧位の一つであった。『同書』同年二月十六日の条には、つぎのように記される。

【史料7】『日本三代実録』八（『新訂増補国史大系』第四巻、一三一～二頁）

十六日癸酉《きゆう》。僧綱の位階を制定す。詔して曰く。国典に載せる所、僧位の制に、本《もと》三階有り。満位・法師位・大法師位是れなり。僧綱《そうごう》も凡僧《ぼんそう》も、同じく此の階《かい》を授く。

位号を分たず。高卑別無し。之《これ》を物の意に論ずるに、実《まこと》に然るべからず。仍《より》て彼の三階の外《ほか》に、更に法橋《ほっきょう》上人位・法眼《ほうげん》和上《かしょう》位・法印大和尚位等の三階を制して、以て律師已上の位と為《な》す。宜しく法印大和尚位を僧正の階と為し、法眼和上位を僧都《そうず》の階と為し、法橋上人位を律師の階と為す。

これによると、

①従来、僧の位階には満位・法師位・大法師位の三つがあり、僧綱に任ぜられる高僧であっても、普通の僧であっても、高卑の別なく同じく三つの僧位を授けてきたけれども、実情に合致していない。

②そこで、僧綱に任ぜられる高僧のために、新たに法橋《ほっきょう》上人位・法眼《ほうげん》和上位・法《ほう》印《いん》大和尚位の三つの僧階を設けることにした。

③すなわち、法印大和尚位を僧正の僧階とし、法眼和上位を僧都の僧階とし、法橋上人位を律師の僧階とする。

とあって、「法印大和尚位」等の僧階は僧綱に任ぜられる高僧と凡僧とのあいだに差異をもうけるために新設されたのであった。

この僧制をさかのぼらせて、空海と最澄にも適用し、貞観六年（八六四）三月二十七日、最高位の法印大和上位が追贈されたのであった。ちなみに、空海は生前に大僧都に任ぜられていたけれども、最澄が僧綱に任ぜられた形跡はない。

空海がこの法印大和上位を追贈されたのは、貞観六年（八六四）三月のことでした。よって、その後の五十七年間、諡号の下賜などなかった。このことを「只だ贈位の勅《みことのり》のみ有って、曾《か》って礼諡《れいし》の栄《えい》無し」と訴え、諡号の追贈を願ったのであった。

一方、最澄には二年後の貞観八年、伝教大師の諡号が下賜されたのであった。この違いは何によったのか。推測の域を出ないが、おそらく、この当時の天台宗と真言宗の政治力の差に由来するのではないかと考える。

第三の特筆すべきことは、上表文の最後㋑に、乃《すなわ》ち允許《いんきょ》の天気を蒙ると雖も、未《いま》だ施行《しこう》の明詔有らず。

とあって、「允許する」との内意はあったけれども、具体的な勅許の沙汰はなかったと、註記することである。

この「未《いま》だ施行《しこう》の明詔有らず」をうけて、三年後の延喜二十一年（九二一）十月二日、再度の上奏がおこなわれたのであった。

（2）第二通、延喜二十一年（九二一）十月二日付　観賢僧正上奏文

ここでも、最初に上奏文の全文と現代語訳をあげておく。

【史料8】『追懐文藻』（『弘法大師全集』第五輯、四一〇〜一頁）

㋐観賢〈大学の頭《かみ》三善《みよしのふみ》文江《え》、観賢に代りて文を作る〉

重ねて処分を被《こうむ》り、諡号を真言根本阿闍梨贈大僧正法印大和尚位空海に追賜

せられんことを請う事

右、空海、

ア　戒行倶《かいぎょうとも》に足りて、人天皆な敬《うやま》う。

虚鳥《きょちょう》の翅《つばさ》自《おのずか》ら軽く、水蛟《みずち》の眼《まなこ》溺れず。

イ　昔王言《むかしおうげん》を聖朝に奉《うけたまわ》りて、遠く仏語を震旦《しんたん》に求め、

一葦《いちい》を万里の外に浮べ、三密を寸心《すんしん》の中に請う。

ウ　是に於いて波を踏んで津《しん》を問い、岸に帰って道を伝う。

エ　二百一十六部、之を習う者は、不空の前に対するが如く、

四百六十一巻、之を受くる者は、自から如来の室に入る。

オ　世を済《すく》い物を済う、其の勤め深し。

惑《わく》を断じ機を断ず、其の情《こころ》至れり。

カ　故《かるがゆえ》に前年、誠を抽《ぬき》んでて諡号を賜わらんことを請う。

而《しか》るに卑聴《ひちょう》、猶《なお》隔てあり。懇志披《ひら》かず。

キ　空く槐檀《かいだん》を改め、多く冷煖《れいだん》を過ぎん。

ク　阿闍梨深く定水《じょうすい》の心を凝《こ》らし、兼ねて臨池《りんち》の妙を究む。

ケ　緇素《しそ》皆な倚頼《いらい》を成し、倭漢《わかん》推して楷模《かいぼ》と為《な》す。

夫れ以《おもん》みれば、謚《おくりな》は其れ功を顕わし、徳を旌《あら》わすの称、古《いにしえ》を引き後《のち》を誡めるの法なり。

コ　若《も》し斯《こ》の人をして其の名を埋め令《し》めなば、則ち美玉山巖《さんがん》の下に潜《ひそ》み、黄金沙石《させき》の中に免《まぬか》れ不《ざ》るなり。

サ　望み請うらくは、殊《こと》に天裁を蒙り、本覚大師《ほんがくだいし》と号し、将《まさ》に謚号を追贈せ被《ら》れんことを。猥《みだ》りに軽毛の心に任せ、偏に逆鱗《げきりん》の畏《おそ》れを忘る。仍《より》て事の状《さま》を注して、重ねて処分を請う。

延喜廿一年十月二日　　権大僧都法眼和尚位観賢上表す

（記号・傍線筆者）

〔現代語訳〕

重ねてご聖断をたまわりまして、謚号《おくりな》を真言の根本阿闍梨・贈大僧正法印大和尚位・空海に追賜せられますことをお願いする事

右、空海は、

ア　戒律を守り徳行を十分に備えた方であって、人間界だけでなく天上界からも敬慕されています。

イ　大鳥の翅《つばさ》といえども軽く、水中にすむ龍は決して溺れることはございません。

ウ　かつて天子の勅命により、仏の真実のことばをはるか唐に求めて、小舟をもって万里の波濤をわたり、心から三密の教えを請い求められました。このように大海を越えて教えをもとめ、帰り来たって真実の道を伝えられました。

エ　その請来された仏典は二百一十六部、これを学習するものは、あたかも不空三蔵の面前にいるかと想い、四百六十一巻の経巻によって受法するものは、おのずと大日如来の曼荼羅世界に入っていきました。

オ　世の悩み苦しむ人びとに救いの手を差しのべ、また生きとし生けるものすべてを救わんとなさる、その活動は極めて意義深く、

カ　煩悩を断じ、悪い機根を断ずる教え、その精神は至高であります。
　　それゆえ、先年、真心を尽して、諡号《おくりな》を賜わりたき旨をお願いいたしました。
キ　しかるに、浅はかなお願いであったのか、朝廷とのあいだに開きがあり、真心からのお願いにもかかわらず受け入れられませんでした。
　　世の無常にめざめて大学をやめ（役人となる道を）改めてから、幾星霜が過ぎたでありましょう。
ク　阿闍梨はひたすら深き禅定に心を集中なさり、一方で書の妙境を究められました。
　　僧も俗人もみな心から信頼をよせ、わが国でも唐でもすすんで手本としています。
ケ　よくよく考えてみると、諡《おくりな》はその人の功績を顕彰し、功徳をたたえる呼称であって、先の世の人を引きたて後の世の人びとの誡めとする法であります。
コ　もし空海の名を（いま顕彰しないで）埋没させるならば、それは美玉を山の巌《いわお》のもとに隠し、黄金を沙石のなかに埋めるに等しきことであります。

サ　お願いいたしたきことは、天子様の特別の思し召しをこうむりまして、正に諡号「本覚大師」を追贈せられんことでありますｏ思慮もなく安易な心に任せてのお願いではございますが、（真心からのお願いでありますから、）天子様のお怒りをかうなどと言うことを忘れるほどでございます。そのため、お願いにいたった経緯を記しまして、重ねてご聖断をお願いいたす次第でございます。

延喜廿一年十月二日　　権大僧都法眼和尚位観賢上表す

この上奏文には、特筆すべきことが三つある。その第一は、本文の力に、

故《かるがゆえ》に前年、誠を抽《ぬき》んでて　諡号を賜わらんことを請う。
而《しか》るに卑聴《ひちょう》、猶《なお》隔てあり。懇志披《ひら》かず。

〔現代語訳〕
それゆえ、先年、真心を尽して、諡号《おくりな》を賜わりたき旨をお願いいたしました。
しかるに、浅はかなお願いであったのか、朝廷とのあいだに開きがあり、真心から

のお願いにもかかわらず受け入れられませんでした。

とあって、さきの上奏から二年経過したけれども、いまだ具体的な勅許がなされないいままであった、と記すことである。

第二は、本文のサに、

殊《こと》に天裁を蒙り、本覚大師《ほんがくだいし》と号し、将《まさ》に諡号を追贈せ被《ら》れんことを。

とあり、観賢は空海に「本覚大師」の諡号をたまわりたいとお願いされていることである。

この「本覚大師」で思い出されるのが、空海が確立した真言密教の教えの根底をなすのが「本覚思想」である、といわれることである。ここにいう「本覚思想」とは、われわれ衆生《しゅじょう》・凡夫《ぼんぷ》といえども、その自覚がないだけであって、本来的に仏さまと同じく覚《さと》った存在である、とみなす考えである。

と申しておく。この「本覚思想」は、空海が最終的にたどりつかれた密教世界といってよい、と考える。したがって、観賢としては、この「本覚大師」こそが、空海にもっともふさわしい諡号である、と考えたのであったが、この「本覚大師」はみごとにくつがえされたのであった。そのことは、あとで具体的に見ることにしたい。

いま一つ注目すべきは、この第二回目の上奏文は、巻首に、

大学の頭《かみ》三善《みよしの》文江《ふみえ》、観賢に代りて文を作る

とあって、観賢から依頼を受けて、大学の頭であった三善文江が代作したものであったことである。文江は、平安初期の漢学者・三善清行《きよゆき》(八四七〜九一八)の長男であり、同じく漢学者であった。

文江について、所功氏がつぎのように記している(所著『三善清行』二一四〜六頁)。

まず長男の文江は、父の期待に応えて文人官吏になり、延喜後半から承平年間にかけて、大学頭《かみ》・大内記《だいないき》・右中弁・文章《もんじょう》博士などの儒職を歴任している。彼の詩文は余り現存しないが、『扶桑集』の欠失部分には、彼の詩も収められていたようである（『二中歴』詩人歴）。管見にふれた文章をあげれば、延喜二十一年（九二一）十月、空海に「本覚大師」の諡号追賜を請うた上表文は、「大学頭三善文江作」である（『高野大師御広伝』下）。また同二十三年四月、醍醐天皇が道真を右大臣正二位に復官贈位された詔書は、『政事要略』（巻二十二）に「大内記三善文以《（マヽ）》作」とあるが、文以は文江の誤写であろう。さらに延長四年七月、宇多法皇が故左大臣源融《とおる》のために誦経を修せられたときの諷誦文も、文江の代作である（『扶桑略記』）。なお、延長九年四月、年号を「承平」と改元されたさい、「文章博士三善文江朝臣」は〝重服《じゅうぶく》〟に依り、吉事に預かれなかったという（『改元部類』所引『李部王記』延長九年四月二十六日条）。この場合、重服は文江の母（清行の妻）の忌服《きぶく》を意味するものと想われるが、一夫多妻を通例とする当時のことにて、その女性が浄蔵の母

（嵯峨天皇孫女）と同一人であったか否かは速断できない。

これより、観賢は空海への謚号の下賜を奏請するにあたり、二度とも当代を代表する漢学者、すなわち大江千古《ちふる》と三善文江《ふみえ》にその奏請文を依頼していたのであった。このことから、観賢の謚号下賜に対する意気込みが並々ならぬものであったことが偲ばれるのである。われわれ末徒は、このことを記憶にとどめておくべきであろう。

（3）第三通、延喜二十一年（九二一）十月五日付　観賢僧正上奏文

実はもう一通、延喜二十一年十月五日付の観賢上奏文というものが伝存する。本文をあげてみよう。

【史料9】『追懐文藻』（『弘法大師全集』第五輯、四一一頁）

早く真言の祖師贈大僧正法印大和尚位空海に謚名《おくりな》を賜わらんことを請う事

右、追って祖師贈大僧正法印大和尚位空海に謚名を賜わるべきの状、先年陳請以聞

す。

①而《しか》るに天許の後、未だ明詔《めいしょう》を蒙らず。

②観賢、今遺跡を拝せんが為めに、遥かに南岳に向う。

③望み請うらくは、諡名《おくりな》、将《まさ》に廟前に告げん。然れば則ち久亡の霊魂、新たに天恩に感ぜん。観賢、懇切の至りに任えず。重ねて以って陳請以聞《ちんせいいぶん》す。観賢、誠惶誠恐、謹言。

延喜廿一年十月五日　　　　権大僧都法眼和尚位観賢

（○数字・傍線筆者）

この上奏文は、なかなか勅許が下らないので、観賢が三たび上奏せんとして作成した下書きであり、正式に出されることはなかった、とみなされている。はたして、これは観賢が書いたものとみなしてよいか。私は、疑わしいと考える。

疑わしきことの第一は、日付の十月五日である。この日付は、同月二日付で三善文江作の奏請文を奏上しており、その三日後であるからである。この当時、上奏した事柄に対して、最終的な判断がくだされるのには、少なくとも数ヶ月から半年はかかると見なされており、この三日後は、いかにも不自然に想われるのである。

第二は、②と③の傍線部である。すなわち、②に「いま空海の遺跡を拝謁するために、南岳＝高野山に向かいたい」といい、③は「賜わりました謚号を、正に空海のご廟に報告したい」ので、一日も早く大師号を下賜していただきたい、という。この②と③は、どのように考えても、延喜二十一年のこととは考えがたい、時代的に齟齬を来たしていると想えてならないのである。

ここにいう、時代的に齟齬を来たすとは、以下のようなことをさす。今日、人口に膾《かい》炙《しゃ》している高野山における大師信仰の一つに、弘法大師の入定留身《にゅうじょうるしん》信仰がある。これは、大師号を下賜された観賢が、その報告のため高野山に登山し、奥の院の御廟を開扉したところ、生身を留めておられた大師のお姿を拝するとともに、鬚髪を剃ってさしあげ、新しい法服を着せてさしあげた、という伝承である。

このことを記す最古の史料は、私の知るかぎり、寛治三年（一〇八九）成立の経範《けいはん》撰『大師御行状集記《だいしごぎょうじょうしゅうき》』であり、大師号の下賜をからめた空海の入定留身説の成立は、十一世紀後半まで下る。つまり、延喜二十一年からは百五十年以上も時代が下るのである。ここにあげた十月五日付の上奏文、特に先にみた②と③のところは、後世、この大師の入定留身説にもとづき、観賢に仮託して偽作されたもの、と私は考える。ともあれ、この上奏文は、形式が上表の体をなしていない上に、内容的にも疑わしい点が少なくないことを指摘しておきたい。

第四、大師号が下賜されたときの勅書

観賢僧正は、二度にわたって上奏し、空海に大師号を下賜していただきたいとお願いされた。それに対して、醍醐天皇は延喜二十一年（九二一）十月二十七日、勅書をもって空海に「弘法大師」の諡号を贈られた。

このときの正式の記録の一つが、『日本紀略』延喜二十一年（九二一）十月二十七日の条である。その本文と現代語訳は、巻頭に掲げておいた（本書、四頁）。参照いただだ

きたい。

いま一つの根本史料が、延喜二十一年十月二十七日付の「勅書」である。この「勅書」の本文は、明治以降の大師伝に少なからず紹介されているけれども、どうしたわけか、現代語訳をはじめ内容に言及したものは、寡聞《かぶん》にして見たことがない。

そこで、本書では「勅書」の本文をあげ、それを読み下し、現代語訳するとともに、あわせて「勅書」の内容に検討を加えてみたい。

「勅書」本文は、つぎの通りである（ローマ数字は対句を表わす）。

【史料10】『追懐文藻』（『弘法大師全集』第五輯、四一二頁）

勅

Ⅰ琴絃已絶、遺音更清、

ⅰ蘭叢雖凋、余芳猶播。

故贈大僧正法印大和尚位空海

Ⅱ消疲煩悩、

ⅱ抛却驕貪。
Ⅲ全三十七品之修行、
ⅲ断九十六種之邪見。
既而
Ⅳ仏日西没、渡冥海而仰余輝、
ⅳ法水東流、通陵谷而導清浪。
Ⅴ受密語者、多満山林、
ⅴ習真趣者、自成淵叢。
況太上法皇
Ⅵ既味其道、
ⅵ追憶其人。
Ⅶ誠雖浮天之波涛、
ⅶ何忘積石之源本。
宜加崇餝之典、謚号弘法大師。

延喜廿一年十月廿七日　勅使　少納言平惟扶

〔付記〕『弘法大師全集』所収の勅には、五つの語句の違いを頭註に記す。

①凋一作萎、②香作芳、③疲作痩、④真趣一作造趣、⑤餝一作艶。

〔読み下し文〕

勅す

Ⅰ琴絃《きんげん》已《すで》に絶えて、遺音《いいん》更に清く、

ⅰ蘭叢《らんそう》凋《しぼ》めりと雖《いえど》も、余芳猶お播《ほどこ》す。

故《もと》の贈大僧正法印大和尚位空海は、

Ⅱ煩悩《ぼんのう》を消疲《しょうひ》し、

ⅱ驕貪《きょうとん》を抛却《ほうきゃく》す。

Ⅲ三十七品の修行を全《まっとう》し、

ⅲ九十六種の邪見を断つ。

既にして

Ⅳ仏日西に没し、冥海《めいかい》を渡って余輝《よき》を仰ぎ、

ⅳ法水東に流れ、陵谷《りょうこく》に通じて清浪《せいろう》を導く。
Ⅴ密語を受くる者、多く山林に満ち、
ⅴ真趣を習う者、自《おのずか》ら淵叢《えんそう》を成す。
況や太上法皇、
Ⅵ既に其の道を味わい、
ⅵ追って其の人を憶《おも》う。
Ⅶ誠に浮天の波涛と雖《いえど》も、
ⅶ何ぞ積石《せきせき》の源本を忘れん。
宜しく崇餝《すうしょく》の典を加へ、謚《おくりな》して弘法大師と号すべし。
延喜廿一年十月廿七日　　　勅使　少納言平惟扶《これすけ》
（傍線筆者）

〔現代語訳〕

天皇のおことばを伝えます。

Ⅰ琴のいとが切れてしまったように、すでに身まかられたけれども、その名声は清く高く、

ⅰ蘭がしぼんでしまったように、生命は天地にかえったけれども、残された教え
　は今なお広まる。
故《もと》の贈大僧正法印大和尚位空海は、
Ⅱ煩悩を消し去り、
ⅱおごりとむさぼりとを脱却し、
Ⅲ三十七種の涅槃にいたる修行を完全におさめられ、
ⅲ九十六種の外道の説く邪見を断ちきられた。
すでに、
Ⅳ釈尊は西方のインドにて涅槃に入られ（たけれども）、大海を渡ってその遺風
　を仰ぎ受け、
ⅳこれにより仏法は東国に伝えられ、あらゆる山野の凡夫を導くこととなった。
Ⅴ密教を受法する者多く山林に満ち、
ⅴ真言の教えを習う者これまた多く群がる。
まして太上法皇は、

Ⅵすでに真言密教に精通され、
vi空海への想いしきりであられる。
Ⅶじつに大空にうかぶ大波であっても、
viiどうして石積みの本源を忘れることがあろうか。
よってここに、宜しく崇め尊《たっと》ぶよりどころとして、諡号《おくりな》弘法大師を贈る。
延喜廿一年十月廿七日　勅使　少納言平惟扶

この「勅書」には、特筆すべき点というか、問題点が三つある。

第一は、延喜二十一年十月二日付で観賢がお願いされた大師号は「本覚大師」であった。しかるに、下賜された大師号は「弘法大師」であった。どこで、誰が、何を根拠に、「本覚大師」を「弘法大師」に変更したのか。これが大きな問題である。観賢がお願いされた「本覚大師」は、空海の思想にもとづくものと考えられ、納得できる大師号であった。「弘法大師」なる大師号は、いまとなっては、何の疑問も感じないかもしれないが、誰が、何を根拠に「弘法大師」と命名したのかは、明確にしておくべきことと考える。

この「弘法大師」なる大師号は、何を根拠に命名されたのか。賢宝は『弘法大師行状要集』第六に、『久米流記《くめるき》』所収の『無畏三蔵懸記《むいさんぞうけんき》』を引き、

【史料11】（『弘法大師伝全集』第三、一九二〜三頁）。

来葉《らいよう》に必ず弘法利生の菩薩有り。此の法を世に恢《ひろ》むべし、と云云。彼此符契《ひしふけい》に似たり。

〔現代語訳〕

のちの世に、必ず法を弘め衆生を利益する菩薩があらわれ、この秘密の教えを世界中に広めるであろう、と。正に、これは空海にぴったりである。あたかも割符のようである。

と、この『無畏三蔵懸記』に依拠したものである、とみなしている。

この賢宝説は、ただちには信をおけない、と私は考える。それは、つぎの二つの理由

による。一つは、『久米流記』の成立はおそらく鎌倉時代まで降ると考えられることである。『国書総目録』によると、『久米寺流記《くめでらるき》』の一番古い写本は、元亨三年（一三二三）書写の高野山大学蔵本とする。二つ目は、われわれが見ることができる『久米寺流記』の活字本、すなわち『続群書類従』第二十七輯下所収の本には、ここに引用した一文が見られないことである。さらに、わが国で著作された典籍のもっとも詳細な目録である『国書総目録』に、『無畏三蔵懸記』は載っていない。これらから、賢宝説をただちに認めることはできない。

第二の問題点は、寛平法皇に言及して、

況や太上法皇、既に其の道を味わい、追って其の人を憶《おも》う。

〔現代語訳〕

まして太上法皇は、すでに真言密教に精通され、空海への想いしきりであられる。

と記されることである。ここに記されているように、延喜二十一年の時点で、寛平法皇が「すでに真言密教に精通され」ていたことは、間違いない。

法皇は、三十歳の寛平九年（八九七）七月三日、醍醐天皇に譲位されたあと、昌泰二年（八九九）十月二十四日、仁和寺《にんなじ》において益信《やくしん》を戒師として落飾なされ、空理《くうり》、または金剛覚《こんごうかく》と称された。同年十一月二十四日東大寺戒壇院にて具足戒を受けたまい、延喜元年（九〇一）十二月十三日には東寺灌頂院において、益信を大阿闍梨《だいあじゃり》として伝法灌頂を受法され、真言密教の法統にその名を列ねられた。

それればかりでなく、法皇はみずから『十八道念誦《ねんじゅ》次第』に手を加えられ、「金剛界《こんごうかい》次第」「胎蔵界《たいぞうかい》次第」それぞれ二部を作成されるなど、日々の修法《しゅほう》に御作次第を用いられていた。さらに、延喜八年五月には東寺灌頂院において法三宮真寂親王はじめ六名に、同十八年八月には嵯峨大覚寺にて寛空はじめ七名に、伝法灌頂を授けられたのであった。これらより、寛平法皇が「真言密教に精通され」ていたことは、首肯されよう（拙著『寛平法皇御作次第集成』参照）。

では、つぎの「追って其の人を憶《おも》う＝空海への想いしきりであられる」とは、具体的にはいかなることをさすのであろうか。いま一つよく解らない。想像するしかないけれども、二つのことを記してみたい。一つは、先にも記したように、正式な真言密教の阿闍梨として空海の法流を受けつがれ、仁和寺に住して日々修法に励まれていたことである。いま一つは、『三十帖策子《さんじゅうじょうさくし》』の回収にあたって、無空《むくう》の弟子たちから『策子』を悉く返納させたことが想起される。後述するように、この『三十帖策子』の回収と醍醐天皇への叡覧が、大師号の下賜をお願いする直接の契機になったとみなすならば、法皇がはたされた役割の大なることは間違いないといえよう。

最後は、いかに解すればよいか、意味が今一つよくわからないところである。それは、「じつに大空にうかぶ大波であっても、どうして石積みの本源を忘れることがあろうか」と訳した、

誠に浮天の波涛と雖《いえど》も、何ぞ積石《せきせき》の源本を忘れん。

のところである。この現代語訳は、原文に忠実に訳したものである。この直前におかれ

た、

密語を受くる者、多く山林に満ち、真趣を習う者、自ら淵叢を成す。

況や太上法皇、既に其の道を味わい、追って其の人を憶《おも》う。

を受けた文章であるから、あるいは以下のようなことが含意されているのかもしれない。

すなわち、ここは、

空海が体系づけられた真言密教の教えは、いま正に大きく華開いているけれども、

空海が中国から請来されたときのご労苦を忘れることは、決してありません。

といったことがいいたかったのではなかったか、とも考える。

このことを受けて、最後の締めが、

宜しく崇餝《すうしょく》の典を加へ、諡《おくりな》して弘法大師と号すべし。

〔現代語訳〕

よってここに、宜しく崇め尊《たっと》ぶよりどころとして、諡号《おくりな》弘法大師を贈る。

となっていることとも関連しているように想われる。ともあれ、詳細は後日を期すことにしたい。

第五、大師号「弘法大師」の出典

観賢僧正は、二度目の上奏で、空海に「本覚大師」の諡号をたまわりたいとお願いされた。これに対して、醍醐天皇は大師号「弘法大師」を下賜されたのであった。この「弘法大師」なる大師号には、しかるべき典拠・出典があったのであろうか。

この「弘法大師」の出典を、賢宝が『久米流記』所収『無畏三蔵懸記』の「来葉《らいよう》に必ず弘法利生の菩薩有り。此の法を世に恢《ひろ》むべし」とみなしたことから、この賢宝説を踏襲する論考を少なからず見かけるけれども、『久米流記』の成立は鎌倉時代まで降るので、出典とはなりえない。

「弘法大師」の典拠は、空海の著作にこそ求めるべきである、と私は考える。そこで、『定本弘法大師全集』に「弘法」を検索したところ、

・「弘法利人《こうぼうりにん》」……………三ヶ所（『広付法伝』「恵果和尚」の項・『略付法伝』「龍猛阿闍梨」の項・十二月十日付の藤原三守あて書状）
・「弘法利人之至願」…一ヶ所（弘仁六年（八一五）四月の「勧縁疏《かんえんのしょ》」）
・「弘法利生《こうぼうりしょう》」…………一ヶ所（弘仁十二年（八二一）十一月の藤原冬嗣・三守あて書状）

の三つのことばを見いだし、「弘法大師」の出典はこれだ、と直感した。

ここにいう、

「弘法利人」とは、「法＝密教の教えを弘めて、人びとを利益し救済すること」、
「弘法利生」とは、「法＝密教の教えを弘めて、生きとし生けるものすべてを利益し救済すること」

と解される。何よりも、これらのことばが使われている場面が決め手となった。

まずは「弘法利人」。このことばは、『広付法伝《こうふほうでん》』「恵果和尚」の項に引用されている呉慇纂《ごいんさん》『恵果阿闍梨行状《けいかあじゃりぎょうじょう》』にみられ、恵果和尚の人となりを記した一節であるからである。

【史料12】『広付法伝』（『定本弘法大師全集』第一、一一一頁）

大師は唯《ただ》心を仏事に一《もっぱら》にして意《こころ》を持生《じせい》に留めず。受くる所の錫施《しゃくせ》は一銭をも貯《たくわ》えず。即ち曼荼羅を建立して弘法利人を願い、灌頂堂の内、浮屠《ふと》塔の下《もと》、内外の壁の上に悉く金剛界及び大悲胎蔵両部の大曼荼羅及び一一の尊曼荼羅を図絵す。衆聖《しゅうせい》

儼然《げんぜん》として華蔵《けぞう》の新たに開けたるに似たり。万徳輝曜《まんとくきよう》して密厳の旧容《きゅうよう》に還《かえ》れり。一たび観《み》一たび礼《らい》するもの、罪を消し福を積む。（傍線筆者）

〔現代語訳〕

大いなる師・恵果和尚のみこころは、つねに仏さまに関することだけであって、いのちをいかに永らえるかなどは眼中になかった。すなわち、施入された財貨などは一銭たりとも蓄えることはなさらなかった。もっぱらの願いは、いかにすれば法を弘めひとびとを救うことができるかであって、曼荼羅の図絵を精力的になされました。たとえば、灌頂堂のなかは、仏塔のしたといい、内外の壁といい、金胎の両部曼荼羅とたくさんの別尊曼荼羅がすきまなく画かれていました。そこは大日如来の密厳浄土そのものであって、光り輝く仏さまの満ち満ちた世界が厳然とあらわれていました。その灌頂堂をひとたび見、ひとたび礼拝するだけで、これまでの罪をすべて消し去り、さとりへの功徳がえられるのでした。

ここには、恵果和尚が何を願い、いかなる日々を送られていたかが描かれているが、ただ一つの願いは「弘法利人＝いかにすれば法を弘めひとびとを救うことができるか」であったという。

帰国したあと、空海は困難なことに出会ったとき、必ず指針とされたのが恵果和尚の人となりであり、恵果和尚のことばであった。このように考えると、空海の後半生は、まさに「弘法利人」の精神をいかに具現化するかに奔走された日々であったといってよい。

つぎは、「弘法利人之至願」である。このことばは、弘仁六年（八一五）四月の『勧縁疏』に見られる。この『勧縁疏』は、帰朝後ちょうど九年、機縁の熟するのを俟《ま》ち、満を持して、空海が密教をわが国に広め定着させる運動を本格的にはじめた劈頭《へきとう》に書いた文章であった。すなわち、「わが国に密教を弘めることを誓って帰国し多年をへたけれども、その教えはまだ広く流布していない。それは密教の経論が少ないからである。そこで、顕教《けんぎょう》にあらゆる点で勝《まさ》るこの密教に結縁していただき、密教経論三十五巻を書写してほしい」と有縁のひとびとにお願いされ、秘密法門＝密教経論の流伝を図られたのであった。この「勧縁疏」は、短いものであるけれども、顕密二教の教判と密教の特色が簡潔に記されていることから、空海の思想の成立ちを考える上でも重要視されるものの一つである。

「弘法利人之至願」は、『勧縁疏』の最後の「願意」をのべたところに見られ、まさしく恵果和尚の精神を体したことばであったといえる。その本文をあげてみよう。


【史料13】『勧縁疏』（『定本弘法大師全集』第八、一七六頁）

庶《こいねが》わくは、無垢《むく》の眼《まなこ》を豁《ほが》かにして三密の源《みなもと》を照らし、有執《うしゅう》の縛《ばく》を断じて五智の観に遊ばしめん。今、弘法利人の至願に任《た》えず。敢えて有縁の衆力《しゅりき》を憑《よ》り煩《わづら》わす。

不宣、謹んで疏《まう》す。

（傍線筆者）

〔現代語訳〕
わたくしの願いは、人びとをして、けがれなき清きまなこをかっと見ひらいて、密教の真髄である三密瑜伽の根源を見きわめ、煩悩にしばられた心を断ちきって、大日如来のさとりの世界たる五智の観想を味わっていただきたいことであります。いま、この最勝最妙なる密教の教えを弘め人びとを救いたい、ただそのことだけを願って、特にご縁のある方々に密教経論の書写への助力をお願いする次第であります。意を尽しませんが、心からお願い申しあげます。

ここに見られる「今、弘法利人の至願に任《た》えず」を、「いま、この最勝最妙なる密教の教えを弘め人びとを救いたい、ただそのことだけを願って」と解してみた。

大々的に密教宣布を表明された最初の文章で、この最新の仏教＝密教を弘めることによって、日々苦しんでいる人たちに何とか手を差しのべたい、お救いしたいと宣言されたのであった。この背景には、恵果和尚と同じこころ・精神を読みとることができる。恵果和尚の精神、人となりを受けつがれた空海の姿が彷彿とされるのである。

わが国への密教の宣布を誓われた最初のことばが「弘法利人の至願」であり、この「弘法利人」をつづめて「弘法」とし、空海への大師号「弘法大師」としたと考えておきたい。

「弘法大師」とは、何とすばらしい大師号であろう。このことばに着目された先徳の炯《けい》眼《がん》に、満腔《まんこう》の敬意を表したい。

第六、大師号は、なぜこの時期に上奏され下賜されたのか

寛平法皇の上奏文は偽作であったとすると、大師号の下賜を上奏したのは観賢僧正だけとなる。観賢は二度、延喜十八年（九一八）十月十六日と同二十一年十月二日に上奏し、同年十月二十七日に「弘法大師」の諡号が下賜されたのであった。

ではなぜ、大師号はこの時期に上奏され、下賜されたのであろうか。

空海に大師号が下賜されたとき、中心的な役割をはたしたのは誰であったか。三人の名前をあげることができる。一人目は二度上奏した観賢、二人目は偽作ではあるが上奏文の残る寛平法皇、三人目は大師号を下賜された醍醐天皇。この三名である。

最初に上奏された延喜十八年から同二十一年に下賜されるまでのあいだ、醍醐天皇・寛平法皇・観賢の三名が関わりをもった最大のできごとは、『三十帖策子』の東寺経蔵への回収とその天覧であった。この天覧こそが、大師号の下賜に、きわめて大きな役割をはたした、と私は考える。

以下、『三十帖策子』とは何か、『三十帖策子』の東寺経蔵への回収とその天覧を中心に、「弘法大師」号の下賜にいたる顚末をみておく。

（1）『三十帖策子』とは

『三十帖策子』は、空海が在唐中、師の恵果和尚《けいかかしょう》および般若三蔵・牟尼室利《むにしり》三蔵などから授けられた経論・儀軌・梵字真言など約百五十部を、空海みずから筆写するとともに、橘逸勢《たちばなのはやなり》・唐の写経生の助力もえて、極細字で筆録した桝形の小冊子をいう。

最澄が借覧されたときの手紙などから、少なくとも、もと五十帖はあったとみられているが、すでに貞観年間（八五九〜七七）には三十冊になっていたため、古来『三十帖策子』と称されてきた。

空海が請来した経論・章疏・梵字真言などは、『御請来目録』に記載されたものがつとに有名である。しかし、それらはすでに散逸していて、今日「空海が請来した典籍はこれである」と明確に指し示すことができるものは何一つない、といっても過言でない。

それに対して、『三十帖策子』所収の経典類は、間違いなく空海が請来したものである。特に、空海の主要著作のなかにこの策子本からの引用がみられることから、空海の教学・思想の成立を考える上からはもちろんのこと、空海が入唐した当時の中国密教の現状を知る上からも、また策子本の最古の遺品であることから本の装幀《そうてい》の変遷をたどる上からも、きわめて貴重な資料といえる。

策子とは、『名物六帖《めいぶつろくちょう》』に「策子〈トヂホン〉」とあり、『和漢三才図会《ずえ》』に「冊子〈止知本〉」とあって、綴じて作った本（綴本）のことをいい、冊子とも書く。策子本が登場するのは唐代中ごろからであり、数万巻におよぶ敦煌《とんこう》写経のなかにも策子本はきわめて少ないといわれる。

また、『三十帖策子』の特色の一つは、本の作り方・装幀であった。すなわち、書写した面を内側にして二つ折りにし、折り目に糊《のり》をつけてはり合わせている。これだと、二頁ごとに白紙が二頁あらわれるので、この白紙の頁をはり合わせており、今日の本に近い構造をもった装幀の本となっている。この策子本は、それまでの巻子本《かんすぼん》に比べて、必要な個所をたちどころに開くことができる利点があり、巻子本のつぎの段階を示すものといわれる。

さらに、『三十帖策子』は帙《ちつ》にも特徴がある。表《おもて》と裏《うら》表紙でもって全体を包み、表表《おもて》紙にとりつけた紐《ひも》で結べるよう工夫してあり、まさに巻子本から冊子本への移行期の姿を示すと同時に、帙が考案される最初の段階を示すものと見なされている（大沢忍「三十帖策子の用紙」）。それはともあれ、『三十帖策子』は三十帖冊子・三十帖草子とも書き、真言法文策子三十帖・弘法大師請来法文冊子三十帖とも称されてきた。

（2）『三十帖策子』の高野山への持出し

『三十帖策子』は、空海が造東寺別当に補任された天長元年（八二四）直後から東寺経蔵に秘蔵されて門外不出であった。しかるに、貞観十八年（八七六）六月六日、高野山伽藍の完成に邁進していた真然《しんぜん》が、東寺別当であった真雅《しんが》の許しを得て高野山に持ち帰り御影堂《みえどう》経蔵に収蔵したあと、東寺には一度も返されることはなく、真然の弟子の寿《ず》長《ちょう》・無空《むくう》へと伝えられていた。

そうして、再び東寺経蔵に収納されたのが延喜十八年（九一八）三月のことであり、その回収に尽瘁されたのが寛平法皇と観賢僧正であった。

まず、高野山へ持ち出された経緯をみておきたい。

なぜ、真然は貞観十八年六月、『三十帖策子』を高野山に持ち帰ったのか。その目的は何だったのか。

従来、①『三十帖策子』を所持する寺が真言宗の根本となる寺院と考えられていたからであるとか、②京畿に置いていては兵火の難をのがれ難いのであえて高野山に持ち帰ろうとされたとか、いわれてきた。

私は、『三十帖策子』は高野山の整備事業の一環として持ち帰られたのではなかったか、と考える。それは、以下の四つの理由による。

第一は、大塔が貞観十八年（八七六）ころに完成したとみられていること。

第二は、同年七月二十二日、紀伊国伊都《いと》・那賀《なが》・名草《なぐさ》・牟婁《むろう》の四郡に散在していた金剛峯寺水陸田三十八町が不輸祖田《ふゆそでん》となり、寺領が確立したこと。

第三は、貞観十七年（八七五）三月二十一日付の「真然僧正自筆日記」と称されるものが伝存し、そこに、高野山を入室の一門の弟子によって相承領知すべきことが規定されていること。日記そのものは、真然の自筆でないことは明らかであるが、その内容はこの当時の真然の姿を反映するものとみなされ、この頃は堂塔の建立がすすみ、寺領も確立されて、高野山の経営が軌道にのりつつあった時期であったと推測されること。

第四は、年分度者の試験と得度は東寺で行なわれていたとはいえ、六年間高野山で籠《ろう》山《ざん》修行する僧が毎年三人ずつおり、伝法会も行なわれていたことから、まとまった聖教の必要性が叫ばれていたと考えられること。

以上より、貞観十八年ころは、まさしく高野山の体制が整いつつあった時期であり、その一環として学習・修法のよりどころとなるまとまった聖教の必要性から、『三十帖策子』を高野山へ持ち帰るにいたったと解しておきたい。

(3)『三十帖策子』の東寺経蔵への回収——回収を記す二つの史料

『三十帖策子』が高野山に持ち出されてから約五十年間、『策子』は一度も東寺に返えされることなく、真然からその弟子寿長《ずちょう》へ、寿長から無空《むくう》へと相承されていた。そうして、東寺経蔵に返されたのは、延喜十八年(九一八)三月のことであった。

実は、『三十帖策子』が東寺経蔵から持ちだされ、ふたたび東寺に返納されるまでの顚末《てんまつ》を記した史料が二つ伝存する。一つは、延喜十九年（九一九）十一月九日成立の観賢撰『三十帖策子勘文《かんもん》』（以下、『策子勘文』と略称す）、あと一つは、享保四年（一七一九）刊行の懐英《かいえい》撰『高野春秋編年輯録《こうやしゅんじゅうへんねんしゅうろく》』（以下、『高野春秋』と略称す）である。

しかるに、この二つの史料はその内容が大きく相違する。従来、『三十帖策子』の顚末を論じるとき、例外なく『高野春秋』によって語られてきたけれども、『春秋』の記述には疑わしい点が少なくない。この『高野春秋』に対して、『策子勘文』の方がより真実を伝えていると、私は考える。その根拠はつぎの三つである。

第一は、本文の末尾に、この『策子勘文』は醍醐天皇の命をうけて記録した史料であることを明記していること。

第二は、寛平法皇の尽力により『三十帖策子』が東寺に返納されたことを記したすぐあとに、情報の入手経路の正しいこと、記事に誤りのないことを力説していることである。すなわち、①わたくし観賢は、貞観十年（八六八）、貞観寺の真雅僧正に師事して入寺したこと、②この貞観十年以前の事跡は、文字資料によって読み、また伝言によって聞くところであること、③貞観十年以降の事跡は、すべて貞観寺にいて見聞したものである、と。

第三は、『高野春秋』の成立が『策子勘文』の成立から八百年後の享保四年（一七一九）であり、『春秋』の平安初期の記事には疑わしいところが少なくないこと。

それはともあれ、観賢による『三十帖策子』の回収を、『高野春秋』と『策子勘文』とがいかに記しているかを見ておきたい。煩雑になるので、両書の要約のみをあげることにする。

まず、『高野春秋』である。年表風にまとめると、以下の通りとなる（＊は参考のため、他の史料から補った事項である）。

延喜十二年（九一二）十二月　観賢の上奏により、『三十帖策子』を東寺に返納すべき使者が登山す。

同十三年（九一三）　『三十帖策子』返納のことで朝使あり。

同十五年（九一五）十二月　観賢、寛平法皇の院宣を賜い、東寺僧を使者として譴責《けんせき》し返還を求む。

同十六年（九一六）　無空、『三十帖策子』を随身して山城圓提《いでじ》寺に隠遁す。

同十八年（九一八）六月二十六日　無空、伊賀国蓮台寺にて入寂す。弟子僧を勘責して返納させる。

＊延喜十八年二月二十七日、『根本大和尚真跡策子等目録』が作成される。

同十九年（九一九）十一月一日　観賢、『三十帖策子』を天覧に供す。

＊延喜十九年三月一日、『策子』を天覧に供す。

十一月二日　『策子』を東寺経蔵に安置すべき勅とともに、革筥《かわばこ》一合が下賜される。

このように、『高野春秋』は延喜十二年から朝使・院宣などによって『三十帖策子』

の返還を東寺から強く迫られ、院宣を無視できなくなった無空は、同十六年弟子等を引きつれて山城圓提寺に隠遁したと記すのであった。

一方の『策子勘文』は、つぎのように記していた。

①無空はつねづね『三十帖策子』を身にたずさえて、高野山と山城を往復していた。
②無空は延喜十六年（九一六）、山城の円提寺（圓提寺とも称す）において卒去した。
③無空卒去のあと、観賢が『三十帖策子』を早く東寺に返納するよう無空の弟子僧たちにつげたところ、弟子たちはあれこれ理由をつけて、すべて返納しなかった。
④そこで、観賢はそのいきさつをつぶさに記して河原院、つまり寛平法皇に奏聞した。
⑤奏聞をうけた法皇は、弟子僧たちを召しだして勘責をくわえ、『策子』をすべて返納させた。
⑥法皇の御徳をいただかなければ、『策子』は凡僧らのなかで、ほとんど紛失したであろう。

⑦それは、大師が唐から持ちかえられた根本の宝物を、枝葉の軽処に置いたからである、と。

ここで、『高野春秋』と『策子勘文』の記述で、大きく相違する点を三つあげてみたい。

第一：『春秋』は、無空はたびたび返納を要求され、ついに寛平法皇の院宣が届くにいたり、それにそむくのを恐れて、延喜十六年山城国圓提寺に隠遁したと記す。

『勘文』は、無空に返納をせまったことはまったく見られない。返納をせまったことはなかったといえる。

第二：『春秋』は、無空が示寂した年次を、延喜十八年六月二十六日とする。

『勘文』は、延喜十六年であったとする。

第三：『春秋』は、無空の弟子たちから返納させた功績は左大臣藤原仲平にある、と記す。

『勘文』は、寛平法皇が弟子僧たちを召し出してすべてを返納せしめたとする。

この『高野春秋』と『策子勘文』との違いは、いずれが真実を伝えているのであろうか。私は、『策子勘文』こそがより史実に近い内容を伝えていると考える。

(4)『策子勘文』こそが信頼に足る史料

先に、『策子勘文』の記述こそが信頼するに足る史料であると述べた。このことを、「無空が示寂したのは延喜十六年(九一六)で間違いない」に焦点をしぼって記すと、六つの根拠をあげることができる。

第一は、史料の成立事情を勘案すると、『高野春秋』に比べて『策子勘文』がより信頼に足る史料であると考えられることである。『策子勘文』は延喜十九年(九一九)十一月九日付で、天皇の命をうけた観賢が撰述したものであった。あとに紹介する『延喜御記《ごき》』によると、著書の観賢はまさに散逸せんとしている『三十帖策子』を尋ね求めるよう天皇から命ぜられ、『三十帖策子』回収の中心となった当事者であり、東寺経蔵に返納されるまでの経過をもっともよく知っていた人物の一人であった。さらに観賢は、『策子勘文』のなかで、情報の入手経路の正しいこと、記事に誤りのないことを力説している点が見のがせない。一方、『高野春秋』の成立は『策子勘文』の成立から八百年後の享保四年（一七一九）であった。

第二は、無空が示寂したのは延喜十六年で間違いないことである。『策子勘文』の「無空去る延喜十六年、円提寺において卒去」は、観賢が撰述したときのままで、写本間に誤写等は見られない。『策子勘文』を引用する古写本は四つある。すなわち、①仁平三年（一一五三）に示寂した寛信《かんじん》撰『東寺要集』、②永暦二年（一一六一）二月に書写された東寺観智院金剛蔵の『根本大和尚真跡策子等目録』、③承安四年（一一七四）九月の奥書を有する仁和寺蔵『三十帖策子子細』、④観応三年（一三五二）五月の杲宝《ごうほう》撰『東宝記』があり、いずれも「延喜十六年」となっている。

第三は、無空が延喜十六年（九一六）四月五日、権律師に任ぜられていることである。

無空の権律師補任は、『僧綱補任』延喜十六年の条に、

無空〈同日（四月五日）任。真言宗。東大寺。内供労。橘氏。〉

とあり、内供奉十禅師の労として補任されたことが記されている。ではなぜ、このことが重要かといえば、『高野春秋』に記すように、延喜十二年（九一二）から朝使・院宣などで返還を強くせまられていたにもかかわらず、ことごとく拒否したとするならば、恐らく権律師補任はありえなかったと考えられるからである。権律師に補任されていることは、とりもなおさず、『高野春秋』が記すような返還要求は、無空の生前にはなかったことを物語っているといえよう。

第四は、延喜十六年夏に、峯禅《ほうぜん》が第三代金剛峯寺座主に補任されていることである。峯禅は真然の弟子であり、無空とは兄弟弟子の間柄にあった。峯禅が無空につづいて座主職についたことは、『又続宝簡集《ゆうぞくほうかんしゅう》』所収の二つの『高野山検校帳《けんぎょうちょう》』からも確認できる。ともあれ、延喜十六年夏に峯禅が座主に補任されたのは、それ以前に無空が示寂し

たからであったと考えられる。なぜなら、万が一、勘責されていたとしても、兄弟子の無空が存命中であれば、弟弟子峯禅はおそらく補任を辞退したと思うからである。しかも『高野春秋』がいう、師からゆずられた『三十帖策子』を護らんがために下山したとすれば、なおのことであると考える。

第五は、延喜十八年（九一八）二月二十七日に『根本大和尚真跡策子等目録』、つまり『三十帖策子』の目録が作成されていることである。このことは第六であつかう、延喜十八年三月一日天覧に供されたとする『延喜御記』とも、密接に関連する。『策子勘文』『高野春秋』とも、無空の示寂後に弟子僧等を勘責して『三十帖策子』を返納させたとする点では一致する。しかし、『策子勘文』は無空の示寂を延喜十六年とし、『高野春秋』は同十八年（九一八）六月二十六日とする点で異なる。『策子勘文』の説によると、返納されたあとで目録が作成されたと見なされるが、『高野春秋』の説では返納される前に目録が作られたことになり、目録の作者についても異説が生じてくる。『延喜御記』によると、目録が作成された延喜十八年二月、『三十帖策子』はすでに観賢の許にあったと考えられ、目録の作者は観賢であった。

第六は、延喜十八年（九一八）三月一日、『三十帖策子』が天覧に供されたとする記録が存在することである。その記録とは、つぎに紹介する『醍醐天皇御記《ごき》』である。

『高野春秋』と『策子勘文』とは何れが真実を伝えているか、を判定する上で、根本史料となりうるのが醍醐天皇の在位中の日記『醍醐天皇御記』である。『延喜御記《ごき》』ともいい、『三十帖策子』のことがつぎのように記されている。

【史料14】『醍醐天皇御記』（『増補　史料大成』「歴代宸記」、六九頁）

①延喜十八年三月一日午の刻。大僧都観賢、故大僧正空海唐より齎《もたら》し来れる真言の法文策子卅帖を持せしめて参入し訖《おわ》んぬ。

②返付して東寺に蔵《おさ》めしめて、永々紛失せざれと仰す。この策子はこれ空海入唐してみずから受伝するところの法文儀軌等なり。その文はすなわち空海および橘逸勢の書なり。

③その上首の弟子等、相ついで受伝して僧正真然に至って、随身して高野寺に蔵め

置く。
④その後律師無空、彼の寺の座主となりし時、この法文を持して他所に出づ。
⑤無空没して後、その弟子等返納せず、所々に分散す。
⑥右大臣忠平、事を奏するのついでにこの事を語る間、根本の法文の空く散失せんと欲するを惜しむ。
⑦去年十二月観賢に語り、尋ね求めしむるに、
⑧昨日求め得る由を申す。故に召してこれを見る。（○数字筆者）

〔要約〕
①延喜十八年（九一八）三月一日、観賢が『三十帖策子』をたずさえて参内した。
②一覧ののち返付し、東寺に蔵め永く紛失しないよう仰せしめた。
③『三十帖策子』は、空海のあと、上首の弟子が相承していたが、真然が随身して高野山に蔵置した。
④無空が座主のとき、『三十帖策子』を他所に持ち出した。
⑤無空の没後、その弟子たちは返納せず、所々に分散していた。

⑥このことを知った右大臣藤原忠平は、上奏のついでに「惜しいことに根本の法文がいままさに散失せんとしている」と天皇に申し上げた。
⑦天皇は延喜十七年（九一七）十二月、観賢に『三十帖策子』を尋ね求めるよう命じた。
⑧昨日、観賢からすべて求め得たとの上申があったので、本日観賢を召してこれを拝見した。

（5）まとめ

『醍醐天皇御記』は、醍醐天皇の在位中の漢文体で書かれた日記二十巻をいい、『延喜御記』とも称されてきた。いまは逸文しか伝わらないが、由緒正しく信頼にたる史料である。特に、先にあげた文章の、無空没後から観賢によって上覧に供されるまでの記述はきわめて具体的であり、信憑性の高いものといえる。

そこで最後に、『策子勘文』『延喜御記』にもとづいて、『三十帖策子』が東寺経蔵に返納されるまでを整理しておきたい。

1、第二代金剛峯寺座主の無空は、つねに『三十帖策子』を随身して、橘氏の氏寺であった山城の円提寺（圓提寺ともいう）と高野山の間を往復していたが、たまたま円提寺滞在中の延喜十六年（九一六）に示寂した。

2、これにより、同年夏、峯禅が第三代金剛峯寺座主に補任された。

3、『三十帖策子』は高野山に返されることなく、無空の弟子のあいだで分散所持されていた。

4、このことを耳にした右大臣藤原忠平は、上奏のついでに、「このままでは根本の法文が散失してしまう」と、醍醐天皇に申し上げた。

5、醍醐天皇は、延喜十七年（九一七）十二月、観賢に『三十帖策子』を尋ね求めるよう命ぜられた。

6、観賢は無空の弟子たちに返納すべきことを告知したが、あれこれ理由をつけて返納しないものがいた。

7、打つ手のなくなった観賢は、寛平法皇に窮状を上奏した。

8、寛平法皇は、さっそく弟子たちを召し出し、『三十帖策子』をことごとく返納せしめられた。

9、延喜十八年（九一八）二月、返納された『策子』はすべて観賢の許に集められた。

10、同月二十七日、観賢は『三十帖策子』の目録を作成するとともに、『策子』を天覧に供することにした。

11、同年三月一日、観賢は参内して叡覧に供したところ、醍醐天皇から「永く東寺経蔵に安置して紛失せざれ」とのお言葉をたまわった。

12、延喜十九年（九一九）十一月二日、醍醐天皇は『三十帖策子』を収納する革筥《かわばこ》一合を観賢の許に贈り、あわせて『三十帖策子』を東寺経蔵に安置し、宗長者をして永代に守護すべしとの勅を下された。

13、観賢は同月九日、『三十帖策子』が再び東寺経蔵に安置されるまでの顚末を記した『策子勘文』を撰述して上進した。

小結

右に記したように、無空が示寂したあと、『三十帖策子』をその弟子たちから回収し、東寺経蔵に収蔵するに際して、醍醐天皇から観賢へ、観賢から寛平法皇へと、みごとといってもよい連繋プレーがみられた。

この発端となったのが、延喜十七年（九一七）十二月の右大臣藤原忠平の上奏であり、その後、翌十八年二月、すべての『三十帖策子』が回収され、同年三月一日、叡覧に供された。翌十九年十一月二日、『三十帖策子』を収納する革筥が醍醐天皇から観賢のもとに贈られ、同月九日、観賢は『策子勘文』を撰進した、とつづいた。

これらの動静のちょうど中間にあたる延喜十八年十月、観賢は空海への大師号の下賜を上奏した。この第一回目のときは、天皇の内意は得られたけれども、勅書は出されなかったという。そこで同二十一年十月、二回目の上奏を行ったところ、同年十月二十七日「弘法大師」の諡号を下賜するとの勅書が下されたのであった。

以上より、空海に大師号を下賜していただきたいとの上奏と勅許のあいだには、『三十帖策子』の回収と天覧があり、特にこの天覧こそが、大師号の下賜にきわめて大きな役割をはたしたと見なされるのである。

その『三十帖策子』の天覧であるが、おそらく、醍醐天皇だけがご覧になられたのではなく、寛平法皇もその場におられたであろう、と推察する。『三十帖策子』を目にされた方たちは、百年あまり前の空海入唐のご労苦を偲ばれるとともに、空海によって請来された密教の大いなる恩恵が語られたのではなかったか。そのなかで、空海に大師号をといったことも語られ、観賢の上奏に及んだのであったと想われる。

なお、観賢が寛平法皇に窮状を訴えていたことから、両者は昵懇《じっこん》の間柄であったことが知られる。両者の出逢いがいつであったかは判然としない。とはいえ、観賢は昌泰三年（九〇〇）三月、法皇が住んでいた仁和寺別当に任ぜられており、少なくともこのころから、真言僧としての交流が持たれていたであろうことは間違いない。

おわりに――「弘法大師」号の撰者は誰か

「弘法大師」とは、真にすばらしい大師号である。とはいえ、誰が、何を根拠に、「本覚大師」から「弘法大師」に変更したのかが問題となる。「何を根拠に」は、先に大師の著作中に見られる「弘法利人」「弘法利生」にもとづいたものとみなした。

では、空海には「弘法大師」がもっともふさわしい大師号であると提唱したのは、誰であったのか。大師号が下賜されたとき、その中心にいたのは寛平法皇・醍醐天皇・観賢僧正の三人であった。観賢僧正は、上奏文に「本覚大師」をたまわりたいとお願いされていた。よって、「弘法大師」の提唱者とみなすことはできない。醍醐天皇は、下賜する立場であるので、提唱者とは考えがたい。

残るは寛平法皇。「弘法大師」号を贈るべきであると提唱された人物として、最右翼に位置付けられるのがこの寛平法皇である。つぎの二つを勘案すると、一番ふさわしい提唱者は寛平法皇であったといえそうである。

第一は、「弘法大師」号の提唱者が寛平法皇であった、とみなすことによって、延喜二十一年（九二一）十月二十七日付の「勅書」に、

況や太上法皇、既に其の道を味わい、追って其の人を憶《おも》う。

と記された理由が納得できるのである。

第二は、寛平法皇は、延喜元年（九〇一）に伝法灌頂を受法して以来、仁和寺において、空海の法流を受け継いだ真言僧として、自作の次第を用いて日々修法に精励されていた。このことから、大師の著作を読んでおられたことは間違いない。

以上より、諡号「弘法大師」の撰者は、寛平法皇であったとみなしておきたい。

第二部　弘法大師の入定留身信仰

はじめに

空海への大師号の下賜に関連して、われわれが忘れてはならないことがある。それは、この大師号の下賜が契機・発端となって、弘法大師の入定《にゅうじょう》留身《るしん》信仰が誕生したとみなされてきたことである。また、この入定留身信仰は、今日にいたるまで、高野山における大師信仰の中心となっていることである。

弘法大師の入定留身信仰とは、

大師は、いまも高野山の奥院《おくのいん》に生身《しょうじん》をとどめ、つぎの仏陀である弥勒《みろく》菩薩が五十六億七千万年の後《のち》に、この世に現われでられるまでの無仏中間《むぶつちゅうげん》のあいだ、ずっとわれわれを見守り救済してくださっている。

とみなす信仰である。

この入定留身信仰の成立過程を、私自身、漠然とつぎのように考えていた。

観賢《かんげん》僧正が大師号を下賜された報告のため、「勅書」を持った勅使とともに高野山に登山され、奥院の御廟を開扉されて、禅定なさっておられる大師のご尊顔を拝謁《はいえつ》し、醍醐天皇から賜わった御衣を着せて差し上げたことが発端・核となり、順次増広されて、今日、人口に膾炙するような入定説に展開した、と。

このような捉え方は、多くの方々、一般的な見方と大きくちがったものではない、と考える。

しかるに、この私が漠然と想いえがいていた入定留身信仰の成立過程は間違いであって、実際はまったく逆の道筋を辿ったことが見えてきた。

それはどういうことか。大師が奥院に生身をとどめておられるとの入定留身説は、すでに十一世紀初頭に現われる。そこに、観賢の御廟開扉の話をからめて語られるようになるのは、約八十年後の十一世紀の後半以降であることが判明したからである。

特に、大師号の下賜と前後して、醍醐天皇の夢のなかで、大師が、

高野山《たかのやま》むすふ庵の袖くちて苔の下にそ有明の月

なる和歌をお詠みになられたと、まことしやかに喧伝されているが、この和歌の初出年代は意外に遅く、十八世紀半ばまで降ることが判明した。ただし、醍醐天皇の夢のはなしは、寛治三年（一〇八九）成立の『大師御行状集記』が初出である。そのようなわけで、私が漠然と想いえがいていた入定留身信仰の成立過程は修正されるべきである、と述べておきたい。

それはさておき、この第二部においては、二つのことを中心に考えてみたい。

第一は、大師の入定留身信仰は、いつ、いかなる契機でもって成立したのか。

第二は、観賢による奥院御廟の開扉とお衣替えの説話はいつから登場するか。

第一、空海の最期

空海の最期はどうであったのか。入定なされたのか、それとも一般の僧のように入滅・示寂なされたのか。空海の入定留身信仰を論じるに先立ち、最初に「空海の最期はどうであったか」を一瞥しておきたい。

この入定・入滅の問題は、平安中期から今日にいたるまで、いろいろと議論されてきた。平安中期には、仁和寺の済暹《さいせん》が『弘法大師御入定勘決記《かんけつき》』を書き、空海の入定を立証しようとした。大正から昭和にかけては、歴史学者の喜田貞吉《さだきち》の火葬説に対して、真言宗内からは多くの反論が出された。

真言宗内には入定信仰が定着しているが、空海がどのような最期を迎えたかをはっきりさせておくことは、空海の末徒として必要であろうと考える。

空海が今生での最期を迎えたのは、いまから約千百八十六年前の承和二年（八三五）三月二十一日のことであった。したがって、史料の制約もあり、いま一つはっきりしないけれども、先ごろ、このことを考える上で無視できない、貴重な史料も発見された。その史料とは、空海のあとを引き継ぎ、空海が計画した高野山伽藍を完成するとともに、高野山の基礎を確立した真然《しんぜん》大徳の骨蔵器である。これを含めて、今日残る史料からはどこまでいえるか、いうことができるか、を考えてみたい。

結論をさきに記すと、空海は自身の意志でもって入定なさったのか、といえば、いまの時点では「否」と、私は考える。

ではなぜ、そのようにいいうるのか。つぎに、このように考えるに至った理由を、六つの観点から考察しておきたい。

空海の最期を知りうる史料には、空海の十大弟子の一人・実恵《じちえ》などが書いた書簡、朝廷が作った歴史書——これを正史《せいし》という——の一つ『続日本後紀《しょくにほんこうき》』の記録、そして空海の事蹟を記した空海伝などがある。

このうち、空海の最期を考えるとき、史料的にもっとも信憑性が高いのは、空海の最期をみとった実恵をはじめとする弟子達の手紙である。まず、この手紙から見ていきたい。

その手紙とは、承和三年（八三六）五月五日付で、空海が入定したことを、その師・恵果和尚《けいかかしょう》の墓前に報告するために、青龍寺《しょうりゅうじ》の義明《ぎみょう》のもとに送った実恵等の書状である。この手紙は、承和の遣唐使の一員として入唐することになった請益僧《しょうやくそう》（しんやくそうともいう）真済《しんぜい》と留学僧《るがくそう》真然に託して、長安・青龍寺に届けるために書かれたものであった。

つぎに、この手紙のなか、空海の最期を知りうるところだけをあげると、

【史料1】承和三年（八三六）五月五日付実恵等書状（『弘法大師全集』第五輯、三九一〜二頁）

その後、和尚《かしょう》、地を南山《なんざん》に卜《ぼく》して一つの伽藍を置き、終焉《しゅうえん》の処とす。その名を金剛峯寺《こんごうぶじ》と曰う。今上《きんじょう》の承和元年を以って、都を去って行きて住す。二年の季春《きしゅん》、薪《まき》尽き火《ひ》滅す。行年《こうねん》六十二。嗚呼《ああ》哀しいかな。南山白《しろ》に変じ、雲樹《うんじゅ》悲しみを含む。一人傷悼《いちじんしょうとう》し、弔使《ちょうし》馳騖《ちぶ》す。四輩《しはい》嗚咽《おえつ》して父母を哭《こく》するが如し。嗚呼《ああ》哀しいかな。

実恵等、心は火を呑むに同じく、眼沸泉《まなこふっせん》の如し。死滅すること能《あた》わず、房を終焉《しゅうえん》の地に守る。

とある。これを九段落にわけて要約してみよう。

1、空海は南山・高野山の地を卜定して一つの伽藍を建てられ、そこを終焉の場所となされた。その名を金剛峯寺といった。
2、今上、つまり仁明天皇の承和元年（八三四）をもって高野山に隠居なされた。
3、同二年の季春すなわち三月に、薪が燃え尽き、火の勢いがだんだんと弱くなるように最期を迎えられた。
4、このとき六十二歳であった。
5、空海の滅を哀しんで、南山の樹々は一度に白くなり、雲も樹々も悲しみを表した。
6、天皇は深く哀悼なされ、速やかに弔使を遣わされた。

7、また、一般の人たちも嗚咽して、父母の死を悼むがごとくであった。
8、残された実恵等の弟子は、心は火を呑むように苦しく、眼からは泉のように哀しみの涕が流れた。
9、殉死することもままならず、師の開かれた房舎を末永く守ることにした。

ここには、空海の最期に立会った弟子の真情がストレートに表出されているといえよう。

この手紙を拝見して、第一に気付くことは、空海が書いた「恵果和尚の碑文」の文章が参考にされていることである。実恵らの手紙の文章に対応する「碑文」のことばをあげると（↓のあとが「碑文」）、

①「薪尽き火滅す」　↓「人間《じんかん》に示すに、薪《まき》の尽くるを以てす」
②「雲樹悲しみを含む」　↓「天雲黲々《さんさん》として悲しみの色を現わし、松風飂々《しつしつ》として哀しみの声を含めり」

③「心は、火を呑むに同じく」→「荼蓼《とりょう》嗚咽《おえつ》して火を呑んで滅《き》えず」

となる。この対応関係をみると、あたかも、空海の最期をその師恵果和尚のそれに重ね合わせるようである。

また、「南山白に変じ、雲樹悲しみを含む」は、お釈迦さまが涅槃《ねはん》に入られたとき、沙羅双樹《さらそうじゅ》の葉が瞬時に白くなってしまったことが含意されている、と想われる。

それはさておき、「恵果和尚の碑文」には、恵果和尚の最期と埋葬のようすが、つぎのように記されている。まず、最期のようすであるが、碑文には、

【史料2】「恵果和尚の碑文」(『定本弘法大師全集』第八巻、三五頁)

遂《つい》に乃《すなわ》ち永貞《えいてい》元年歳乙酉《ほしきのととり》に在《やど》る極寒の月満《げつまん》を以て、住世《じゅうせ》六十、僧夏《そうげ》四十にして、法印を結んで摂念《しょうねん》し、人間《じんかん》に示すに、薪《まき》の尽くるを以てす。

とあり、空海はその師恵果和尚の最期を「薪の尽くるを以てす」と表現されていた。
つぎは、埋葬のところである。碑文には、

嗟呼《ああ》痛いかな、日を建寅《けんいん》の十七に簡《えら》んで、塋《つか》を城邙《せいぼう》の九泉《きゅうせん》に卜《ぼく》す。腸《はらわた》を断って玉《たま》を埋《う》め、肝《きも》を爛《ただらか》して芝《し》を焼く。泉扉《せんぴ》永く閉じぬ。天に愬《うった》うれども及ばず。茶蓼嗚《とりょうお》咽《えつ》して火を呑んで滅《き》えず。

（傍線筆者）

とある。坂田光全師は、この傍線部をつぎのように現代語訳された（『性霊集講義 平成新訂』一〇七頁）。

断腸の思いをしながら尊体を埋め、肝を焼爛せらるる思いをしながら之を焼き奉る。ああかくて永遠に黄泉に旅立たれてしまった。天に訴え叫けべども今は詮かたなし。

この訳によると、恵果和尚は火葬にされたとみなされていることを知りうる。

空海は、師である恵果和尚の最期、および葬送の儀式に立ち会われていたことは、間違いない。そうすると、ご自身が最期を迎えるとき、師・恵果和尚のことがまったく意識されなかったとは考えがたい、大いに意識されたといえよう。また、空海の弟子たちも、空海の最期を記すにあたって、師が書かれた「恵果和尚の碑文」を意識していたことは、さきにみた通りであった。実恵らの書状には、

薪尽き火滅す。

とあるだけで、最期のお姿がどのようであったかは、残念ながら詳しくは記されていない。

〔付記1〕

さきに「六つの観点から考察しておきたい」と書いたが、紙数の関係から、あとの五つは拙著『弘法大師　伝承と史実　絵伝を読み解く』(二〇二一～一四頁)を参照いただきたい。なお、取りあげた六つの項目のうち、残りの五つを記しておく。第二は『続日本後紀』「空海卒伝」、第三は

空海の弟子が書いた最古の伝記『贈大僧正空海和上伝記』、第四は空海の著作にみられる「入定」、第五は真然大徳の最期、第六は奥院の御廟について。

第二、大師の入定留身信仰は、いつ、いかなる契機でもって成立したか

はじめに

平安時代に成立した空海伝を中心に、いったいいつころから「入定」を意味する表現が現れるのか、また、いつから空海の最期を「入定」なることばをもって表現するようになるのか、をみておきたい。ここでは、「空海最期の表記」と名付け、空海の最期をいかに表現しているかを中心にみていく。

はじめに、本書で取りあげる十五の史料とその成立年代をあげておく。なお書名のつぎの（　）内は略称である。

（1）承和三年（八三六）五月五日付　青龍寺あて実恵等書状（『伝全集』第一、二一九頁）

（2）『続日本後紀』「空海卒伝」貞観十一年（八六九）成立（『国史大系』第三、三八～九頁）

（3）聖宝撰『贈大僧正空海和上伝記』（『寛平御伝』）寛平七年（八九五）成立（『伝全集』第一、三八頁）

（4）観賢撰『三十帖策子勘文』（『策子勘文』）延喜十九年（九一九）九月成立（『真言宗全書』第三八、三三三頁）

（5）『遺告二十五箇条』（『御遺告』）十世紀中ころ成立（『定本全集』第七、三五六・三六五頁）

（6）『空海僧都伝』十世紀中ころ成立（『伝全集』第一、三二頁）

（7）雅真撰『金剛峯寺建立修行縁起』（『修行縁起』）康保五年（九六八）成立（『伝全集』第一、五四～五頁）

（8）清寿撰『弘法大師伝』長保四年（一〇〇二）成立（『伝全集』第一、六七頁）
（9）『遺告諸弟子等』十一世紀はじめ成立（『伝全集』第一、二九頁）
（10）仁海撰『秘密家宗体要文』（『宗体要文』）長暦年間（一〇三七～四〇）成立（『伝全集』第一、七七頁）
（11）経範撰『大師御行状集記』（『行状集記』）寛治三年（一〇八九）成立（『伝全集』第一、一八〇～二頁）
（12）大江匡房撰『本朝神仙伝』十一世紀末成立（『伝全集』第一、一八八頁）
（13）『今昔物語』十二世紀初頭成立（岩波古典文学大系24、一〇五～七頁）
（14）聖賢撰『高野大師御広伝』（『御広伝』）元永元年（一一一八）成立（『伝全集』第一、二六七・二六九・二七七～八頁）
（15）金剛弟子某撰『弘法大師御伝』（『御伝』）仁平二年（一一五二）成立（『伝全集』第一、二一五～八頁）

(1) 空海最期の表記（一）——九世紀の空海伝

空海はいかなる最期を迎えたか。このことを確認しておくことは、入定留身信仰を考える上からも無意味ではないと考える。以下、一つ一つの史料が、空海の最期をどのように表記しているかを確認しておきたい。

空海の最期をしりうる九世紀の史料は、（1）～（3）の三つである。

(1) 承和三年（八三六）五月五日付　青龍寺あて実恵等書状

第一は、空海がご閉眼なされたことを、その師・恵果和尚の墓前に報告するため、青龍寺の義明にあてて書かれた手紙である。ここには、

その後、和尚《かしょう》、地を南山に卜《ぼく》して一つの伽藍を置き、終焉《しゅうえん》の処とす。その名を金剛峯寺と曰う。今上《きんじょう》の承和元年を以って、都を去って行きて住す。二年の季春《きしゅん》、薪《まき》尽き火滅す。行年《こうねん》六十二。

（傍線筆者）

とある。ここにいう「薪《まき》尽き火滅す」とは、薪が燃えつきるがごとく、静かな最期を迎えられた、と解しておく。

（2）『続日本後紀』「空海卒伝」（貞観十一年（八六九）成立）

第二は、正史の一つ『続日本後紀』巻第四、承和二年（八三五）三月庚午（二十五日）の条の「空海卒伝《そつでん》」である。この卒伝は、前後二つの部分からなり、その前半には後太《のちのだ》上《じょう》天皇（＝淳和天皇）の弔書などを収め、後半には空海の略伝、つまり「卒伝」が収載されている。その前半部分には、

①禅関僻左《ぜんかんへきさ》にして、凶聞《きょうぶん》、晩《おそ》く伝う。使者奔赴《ほんぷ》して荼毘《だび》を相助くること能わず。

とあり、後半の略伝には、

②自ら終焉《しゅうえん》の志《こころざし》有り。紀伊国金剛峯寺に隠居す。化去《かきょ》の時、年《おんとし》六十三。

とある。また、『同書』承和二年三月丙寅（二十一日）の条には、

③紀伊国の禅居《ぜんきょ》に終る。　（○数字・傍線筆者）

とある。

このうち、①では「荼毘《だび》を相助くること能《あた》わず」と「荼毘」なることばが見られ、このことばをめぐって、かつて、空海の最期は入定か入滅かの激しい論争が展開された。歴史学者は入滅説をとなえ、真言宗内からは入定説が主張されたことはいうまでもない。とはいえ、真然の事跡に照らし合わせると、私は前者に分があるように想う。

つぎに、②では「化去《かきょ》」、③では「禅居に終る」とあって、入定をうかがわせる記述とはなっていない。

ただ、「化去」「禅居に終る」といった表記は、六国史にみられる僧侶の示寂をあらわ

す通例と異なっていることから、かつて、空海の最期を特別視したからではないか、とみなす見解が出された。

はたして、これらの表記は、空海の最期が特別であったことを物語っているのか。また、空海だけに用いられた表記であったのか。以前に、このことを検討したことがある。その結論だけを記すと、この「化去」「禅居に終る」は、特別でも異例でもなかった。なぜなら、『続日本後紀』の撰者である春澄善縄《はるすみのよしただ》は、同様の表記をほかの僧の「卒伝」でも使用していたからである（詳しくは、付記を参照）。

〔付記2〕（『岡村圭真著作集』第一巻、三六〇～二頁）

『続日本後紀』に収録された僧侶の略伝＝卒伝は八つある。それらを、僧名・記載された年月日・最期を表わす語句の順に一覧表にすると、つぎのようになる。

僧名	示寂年月日	最期を表わす語句
円澄卒伝	天長十年（八三三）十月二十日条	円澄卒。時年六十二。

護命卒伝	承和元年（八三四）九月十一日条	終于元興寺少塔院。
空海	承和二年（八三五）三月二十一日条	終于紀伊国禅居。
空海卒伝	承和二年（八三五）三月二十五日条	自有終焉之志。隠居紀伊国金剛峯寺。化去之時年六十三。
慈朝卒伝	承和五年（八三八）十一月三十日条	卒時年八十二。
寿遠卒伝	承和五年（八三八）十二月二十七日条	卒時年六十八。
守寵卒伝	承和八年（八四一）十二月二十六日条	将化去時年五十有八
守印卒伝	承和十年（八四三）十二月二十九日条	空化一房之内
明福卒伝	嘉祥元年（八四八）八月二十四日条	其後終于所居寺

これを見れば、空海の最期を表わすことばが、特異でも異例でもないことは一目瞭然であろう。すなわち、八名のうちの五名に「終る」「化す」「化去」といった、ほかの正史ではあまり見かけない表記がみられたのである。

具体的にみてみよう。まず「終る」であるが、承和元年（八三四）九月十一日条の「護命卒伝」に「元興寺少塔院に終る」とあり、嘉祥元年（八四八）八月二十四日条の「明福卒伝」には「其の後、居する所の寺に終る」とあって、「終る」の表記は空海だけではなかった。

つぎに「化す」は、承和十年（八四三）十二月二十九日条の「守印卒伝」に「空しく一房の内に化す」とある。

さいごに「化去」は、承和八年（八四一）十二月二十六日条の「守寵卒伝」に「将に化去すべし。時に年五十有八なり」とあり、「空海卒伝」には「化去の時、年六十三」とあった。

これらは、何を物語るのであろうか。かつて私も、「禅居に終る」を、空海が特別な最期を迎えたことを暗に語っているのではないかとの想いを抱いたことがあった。だが、右の一覧からは、「終る」「化す」「化去」は、特別な最期を表わしたことばとは考えがたい。これらは、おそらく、編者・春澄善縄の好み、文学的表現であったとみなしておきたい。

（3）聖宝撰『贈大僧正空海和上伝記』（寛平七年（八九五）成立）

第三は、真言宗内で書かれたもっとも古い空海の伝記『寛平御伝』である。その撰者は、古来、真雅とみなされてきたが、寛平七年の時点で真雅はすでに入寂しており、今日では醍醐寺の開山・聖宝《しょうぼう》とする説が有力である。ここには、

承和二年、病に嬰《かか》りて金剛峯寺に隠居す。三年三月二十一日卒去す。〈時に年六十三。臈三十三。〉

とある。この「病に嬰《かか》りて金剛峯寺に隠居す」からは、空海はみずからの意志で高野山に隠居したといえよう。また、「卒去」は僧侶の死をあらわす一般的な表現といえる。このように、空海から三代あとの時代に、空海の最期をただたんに「卒去」と記しているることは、注目してよい。つまり、「卒去」の語感からは、特別な最期ではなく、僧侶のごく一般的な最期のニュアンスしか伝わってこないからである。

一つ付言すると、最期の「(承和)三年三月二十一日卒去す。〈時に年六十三。臈三十三。〉」の傍線部は、先に引用した「空海卒伝」に依拠した表記であることは間違いない。

以上より、九世紀の真言宗内においては、空海の最期を特別視する風潮はまだなかったといえよう。

（2）空海最期の表記（二）――十世紀の空海伝

この時代の空海伝は四つ、（4）～（7）である。この時代の特色は、空海の最期の表記に変化がみられ、「入定」なることばが使われるようになることである。順次、みてみよう。

（4）観賢撰『三十帖策子勘文』（延喜十九年（九一九）九月成立）

第四は、一度高野山に持ち出された『三十帖策子《さんじゅうじょうさくし》』を東寺経蔵に回収するまでの顛末を、醍醐天皇の命をうけて、観賢《かんげん》が記録した『策子勘文《かんもん》』である。ここには、

【史料3】『続弘法大師年譜』巻三（『真言宗全書』第三八、三三三頁）

去る承和元年を以て、追って終焉《しゅうえん》の地・高野山に帰る。同（承和）二年三月廿一日、世間の味を厭《いと》い寂滅の理《ことわり》を楽しむ。朝《あした》の露《つゆ》は永く尽《つ》き、夜の松は独遺《ひとりのこ》る。

（傍線筆者）

とある。この一節について、添田隆昭師はつぎのように記す（同著『大師はいまだおわしますか』四六頁）。

どこにも入定留身したとは書いていない。大師に対する熱烈な思慕《しぼ》を持ち、後世、入定留身説話の主人公となる観賢僧正であるが、まだこの時代には、入定留身というアイデアは生まれなかったと考えられている。

引用した本文の最後のところはよくわからないが、この一節からは、観賢自身の脳裏には、まだ生身を留めておられるとの意識はなかった、といってよいであろう。

（5）『遺告二十五箇条』（十世紀中ころの成立）

第五は、承和二年（八三五）三月十五日の日付をもつ『御遺告』である。二十五条の文章からなるので、『遺告二十五箇条』または『二十五箇条遺告』と称されてきた。この第一条「成立《じょうりゅう》の由《よし》を示す縁起第二」と第十七条「後生《ごしょう》末世の弟子、祖師の恩を報進すべき縁起第十七」に、注目すべき語句がみられる。

まず、第一条には、

【史料4】（『定本弘法大師全集』第七巻、三五六頁）

①吾れ、去《いん》じ天長九年十一月十二日より、㋐深く穀味を厭《いと》いて、専ら坐禅を好む。皆是れ令法久住の勝計なり。并《なら》びに末世後生の弟子・門徒等が為《ため》なり。方《まさ》に今、諸の弟子等、諦《あきらか》に聴け、諦に聴け。㋑吾が生期、今幾ばくならず。仁等《なんだち》好く住して慎んで教法を守るべし。吾れ永く山に帰らん。吾れ入滅せんと擬することは、今年三月廿一日の寅の剋《こく》なり。諸弟子等、悲泣《ひきゅう》を為《な》すこと莫《なか》れ。吾れ即《もし》滅せば両部の三宝に帰信せよ。自然《じねん》に吾れに代って眷顧《けんこ》を被《こうむ》らしめむ。吾れ生年六十二、臈《ろう》四十一なり。

②吾れ初めは思いき。一百歳に及ぶまで、世に住して教法を護り奉《たてまつ》らんと。㋒然れども諸の弟子等を恃《たの》んで、忽《いそい》で永く即世《そくせい》せんと擬《ぎ》するなり。

（○数字・○記号・傍線筆者）

とある。このなか、傍線部㋐・㋑・㋒をみると、この裏には案に「入定」ということをいっているとも受けとることができる。特に、㋑の「吾れ入滅せんと擬《ぎ》することは」は、「入滅に似せる」「入滅をまねる」と解することができ、本当は「入定」である、といったことが含意されているとみなすこともできよう。しかるに、「入定」なることばは、まだ使用されていない。

つぎは、第十七条である。

【史料5】（『定本弘法大師全集』第七巻、三六五頁）

夫れ以《おもんみ》れば、東寺の座主《ざす》大阿闍梨耶は、吾が末世後生の弟子なり。吾が滅度以後、弟子数千万あらん間《あいだ》の長者なり。門徒数千万なりと雖《いえど》も、併《あわ》せて吾が後生の弟子なり。祖師の吾が顔を見ざると雖《いえど》も、心有らん者は、必ず吾が名号を聞いて、恩徳の由を知れ。①是れ吾れ白屍《はくし》の上に、更に人の労《いたわり》を欲するにあらず。密教の寿命を護り継いで、龍華三庭《りゅうげさんね》に開かしむべき謀《はかりごと》なり。②吾れ閉眼《へいがん》の後には、必ず方《まさ》に兜率陀天《としったてん》に往生して、弥勒慈尊の御前に侍《はんべ》るべし。五十六億余の後には、必ず慈尊と御共に下生し祇候《しこう》して、吾が先跡を問うべし。亦且《またかつ》うは、いまだ下らざるの間は、微雲の管《つつ》より見て、信否を察すべし。是の時に勤むること有らば祐《たすけ》を得ん。不信の者は、不幸ならん。努力努力《ゆめゆめ》、後に疎《おろそ》かに為《な》すこと勿《なか》れ。(○数字・傍線筆者)

ここで注目すべきは、傍線部②である。すなわち、弥勒菩薩の浄土である兜率天への往生と弥勒菩薩がこの世に下生されるとき、ともに下生せんと記すところである。これは、『御遺告』にはじめてみられる事柄であった。しかしここには、空海をお釈迦さまの入涅槃から弥勒菩薩の出生にいたる無仏中間《ちゅうげん》のあいだの菩薩とみなす思想は、まだ見られない。つまり、弥勒菩薩の下生まで兜卒天に住して、微雲の管からわれわれの信仰心をご覧になり、一所懸命励んでいる者は祐《たすけ》るけれども、不信の者はその限りではない、といった表現は、不退転の信心を説いているのかもしれないけれども、信・不信で分けて対応する点に、じゃっかんすっきりしないものを感じるのは私だけであろうか。

とはいえ、この『御遺告』の特色として、二つのことをあげることができる。すなわち、第一は「入定」が案に隠されている、含意されているふしがみられること、第二は兜率天往生と弥勒菩薩との下生説がみられること、である。

（六）『空海僧都伝』（十世紀中ころの成立）

第六は、『御遺告』とほぼ同じ時代に成立したとみなされる『空海僧都伝』である。その最後の部分を、六段落にわけてあげてみよう。

【史料6】（『弘法大師伝全集』第一、三二頁）

①大師、天長九年十二月（十一月イ）十二日、深く世味を厭《いと》いて、常に坐禅を務む。弟子、進んで曰《い》わく、「老いる者は唯《ただ》飲食す。此れに非ざれば亦隠眠《またいんみん》す。今已《すで》に然らず。何事か之れ有らん」と。報《こた》えて曰《い》わく、㋐「命には涯《かぎ》り有り。強《し》いて留まるべからず。唯《ただ》、尽きなん期を待つのみ。若《も》し、時の至るを知らば、先に在って山に入らん」と。

②承和元年五月晦日、諸の弟子等を召して語らく、「生期（吾生イ）、今《いま》幾くならず。汝等《なんだち》、好く住して仏法を慎み守れ。我、永く山に帰らん」と。

③ⓘ九月初めに、自ら葬処《そうしょ》を定む。

④ⓤ二年正月より以来《このかた》、水漿《すいしょう》を却絶《きゃくぜつ》す。或る人、之を諫《いさ》めて曰わく、「此の身、腐《く》ち易し。更に臭《くさ》きをもって養《やしな》いと為すべし」と。天厨前《てんちゅうさき》に列ね、甘露日に進む。止みね、止みね。人間《じんかん》の味を用いざれ、と。

⑤ⓔ三月二十一日後夜に至って、右脇にして滅を唱う。諸弟子等一二の者、揺病《ようびょう》なることを悟る。遺教《いきょう》に依りて東の峯に斂《おさ》め奉《たてまつ》る。生年六十二、夏臈《げろう》四十一。

⑥其の間、ⓞ勅使、手づから諸の恠異《かいい》を詔《つげ》る。弟子、左右に行《つら》なって相い持つ。賦には作事及び遺記を書す。即《そ》の間、哀《あわ》れんで送る。行状更に一二ならず。

（○数字・○記号・傍線筆者）

このなか、本書の特色として、四つ指摘することができる。第一は、傍線部ⓐで、最期のときを悟ったならば、高野山に入ろうと、弟子たちに語ったとある。第二は、傍線部(い)と(う)で、承和元年（八三四）九月はじめに墓所を定め、翌二年正月からは水と塩気のものを絶ったとする点である。

第三は、傍線部(え)で、三月二十一日の後夜に、右脇を下にして最期を迎えられたことと、遺言によって東の峯に斂《おさ》めたことである。ここで問題となるのが、「東の峯」の位置と「斂《れん》」という文字である。この「東の峯＝奥の院」とみなしてよいかは、じゃっかん疑問がのこる。「斂《れん》」は「おさめる」と訓み、「死者のなきがらをおさめる」意と解され、「入定」とは少しかけ離れたことばといえよう。

第四は、傍線部(お)で、「勅使、手づから諸の恠異《かいい》を詔《つげ》る」とあるが、「諸の恠異」とは何をさすのか。文脈からは、葬斂《そうれん》のあいだのできごとをさしているように考えられるけれども、その詳細は不明といわざるをえない。

従来、この『空海僧都伝』は、題名につづいて「真済記」とあり、本文の最後に「承和二年十月二日」とあることから、空海の最古の伝記と見なされてきた。しかるに、全体の構成・内容とこの「勅使……」などから、私はむしろ『御遺告』よりも後の成立ではないか、と考える。

（7）雅真撰『金剛峯寺建立修行縁起』（康保五年（九六八）成立）

第七は、草創期の高野山を考えるうえでの根本史料の一つ、康保五年（九六八）成立の『修行縁起』である。本書で特記すべきは、①はじめて「入定」なることばが使用されること、②その「入定」なることばを四ヶ所に記すこと、である。

その「入定」を中心に、最後に近い部分を四段落にわけてあげてみよう。

【史料7】（『弘法大師伝全集』第一、五四～五頁）

①大師、諸の弟子等《ら》に告げて曰《い》わく。「吾れ、却世《きゃくせい》の思い有り。明年三月の中なり。金剛峯寺を以って真然大徳に付す。件の寺の創造、いまだ畢《おわ》らず。但し、件の大徳、自力いまだ厚からず。実恵《じちえ》大徳、功を加うべし、と云々。吾れ、初めは思いき。一百歳の間、世に住して密教を流布し、蒼生《そうせい》を吸引せんと。然りと雖《いえど》も、禅師等、恃《たの》む所の至篤《しとく》なり。吾が願、また足んぬ。仁等《なんだち》、まさに知るべし。吾れ、命を万波の中に忘れ、法を千里の外に尋ぬ。纔《わず》かに伝うる所の道教之《これ》を護持して、

国家を安鎮し、万民を撫育《ぶいく》すべし。」と云々。

②承和二年三月十五日、又云わく。㋐「吾れ、入定に擬《ぎ》するは来る二十一日寅の刻《こく》なり。自今以後、人の食を用いず。仁等《なんだち》、悲泣《ひきゅう》すること莫《なか》れ。又、素服《そふく》を着ること勿《なか》れ。

㋑吾れ入定の間、知足天に往きて慈尊の御前に参仕《さんじ》す。五十六億余の後、慈尊下生の時、必ず須《すべから》く随従して吾が旧跡を見るべし。此の峯、等閑にすること勿《なか》れ。顕《けん》には、丹生山王の所領、官持大神を勧請して、嘱託する所なり。冥《めい》には、古仏の旧基、両部の諸尊を召集して安置する所なり。跡を見て必ず其の体威を知り、音を聞いて則ち彼の慈瞋を弁ずる者なり。吾が末世の資、千万ならん。親《まのあ》たり、吾が顔を知らずと雖《いえど》も、一門の長者を見、及び此の峯に寄宿せん者は、必ず吾が意《こころ》を察すべし。吾が法、陵遅《りょうち》せんと擬《ぎ》する刻《とき》は、吾れ必ず緇徒《しと》禅侶の中に交わって、此の法を興さん。我執の甚しきにあらず。法を弘むる計《はかりごと》なるのみ。

③㋒則ち承和二年乙卯三月二十一日、寅の時、結跏趺坐して大日の定印を結び、奄《えん》然《ぜん》として入定したまう。兼日《けんじつ》十日四時に行法したまう。其の間、御弟子等、共に

弥勒の宝号を唱う。

㊈唯《ただ》、目を閉じ言語無きを以て入定とす。自余は生身《しょうじん》の如し。時に生年六十二、夏臈《げろう》四十一。

④然りと雖も世人《せじん》の如く、喪送《そうそう》したてまつらず。厳然として安置す。則ち、世法《せほう》に准じて七々の御忌《ぎょき》に及ぶ。御弟子等、併《あわ》せ以て拝見したてまつるに、顔色《がんしょく》衰えず鬚髪《しゅはつ》更に長ず。之に因《よ》って剃除《ていじょ》を加え、衣裳《いしょう》を整え、石壇《せきだん》を畳んで、例《つね》に人の出入すべき許りとす。其の上に石匠《せきしょう》に仰せて五輪の率都婆を安置し、種々の梵本・陀羅尼を入れ、其の上に更に亦《また》宝塔を建立し、仏舎利を安置す。其の事、一向《いっこう》に真然僧正の営む所なり。（○数字・○記号・傍線筆者）

引用が長くなってしまったが、本書で注目すべきことが四つある。第一は、先にも記したように、「入定」なることばが、はじめて、しかも四ヶ所にみられることである。すなわち、傍線部㋐・㋑・㋒・㋓で、それぞれ、

㋐吾れ、入定に擬するは来る二十一日寅の刻なり。
㋑吾れ入定の間、知足天に往きて慈尊の御前に参仕す。
㋒寅の時、結跏趺坐して大日の定印を結び、奄然として入定したまう。
㋓唯、目を閉じ言語無きを以て入定とす。自余は生身の如し。

とある。㋐では「入定に擬する」、すなわち「入定のまねをする」とするけれども、㋑・㋒・㋓では「入定の間」「入定したまう」「入定とす」とあって、まごうことなく「入定」である。

第二は、「入定」の定義がみられることである。傍線部㋓に、

唯、目を閉じ言語無きを以て入定とす。自余は生身の如し。

とあり、入定とはただ目を閉じ、ことばを発しないだけであって、この二つ以外は生きているときと何ら変わらない、とする。「自余は生身の如し」とあるが、その最期はど

のようであったのか。
第三は、その最期のようすを記すのが傍線部ウで、

承和二年乙卯三月二十一日、寅の時、結跏趺坐して大日の定印を結び、奄然《えんぜん》として入定したまう。

とある。これによると、空海は結跏趺坐して大日の定印を結び、にわかに入定したことが知られる。先にあげた（6）『空海僧都伝』では「右脇にして滅を唱う」と記されていた。これだと横臥した状態、つまり涅槃図にえがかれたお釈迦さまと同じ姿で最期を迎えられたといえよう。したがって、この「結跏趺坐して大日の定印を結び」は、まことに瞠目《どうもく》すべきことと考えられる。ちなみに、『恵果和尚の碑文』は恵果和尚の最期を、

法印を結んで摂念《しょうねん》し、人間《じんかん》に示すに、薪《まき》の尽くるを以てす。

と記していた。

第四は、奥院への埋葬の次第が記されていることである。④を箇条書きにすると、

Ⓐ通常の葬送儀礼はおこなわず、厳然と安置いたし、

Ⓘ常の習いに准じて、七日七日の忌日を勤めました。

Ⓤ弟子らが拝見すると、この間、顔の色はおとろえず、頭髪・あごひげ（鬚）はのびていた。

Ⓔそこで、髪・鬚を剃ってさしあげ、衣を整え、人の出入りできる空間だけを残して石壇を組み、

Ⓞその上に、石工に命じて五輪塔を安置し、梵本・陀羅尼を入れ、さらにその上に、宝塔を建て、仏舎利を安置した。

Ⓚこれらはすべて、真然僧正が執り行なった。

となる。しかし、ここには不明瞭な点が三つある。すなわち、石壇を組んだ場所はどこ

か、梵本・陀羅尼を入れたのはどこか、仏舎利を安置したのはどこか、いずれも明確ではない。また、これらをすべて真然が執りおこなったとする点も、本文①で金剛峯寺を真然に付嘱する話とともに、私は賛意を表することができない。

以上の四つは、いずれも『修行縁起』において、はじめてみられた事柄であった。このように、（5）の『御遺告』、（6）の『空海僧都伝』とこの（7）『修行縁起』とのあいだには、大きな相違・発展が認められることから注目される。特に、『御遺告』が「入滅」とするところを「入定」としており、ここにいたって、空海の最期を「入定」とみなす意識が明確に表明されている点に留意すべきである。

以上、四つの空海伝をみてきた。（7）の『修行縁起』にいたって、明らかに「入定」が意識され、生身の空海が叙述されていた。しかしながら、入定留身信仰の契機となったという大師号の下賜をからめた話には、まだなっていない。このことに留意しておきたい。

（3）空海最期の表記（三）——十一世紀の空海伝

この時代の空海伝は、（8）～（11）の四つである。このなか、（11）『大師御行状集記』が特記される。なぜなら、それ以前の空海伝と内容的に大きな相違が見られるからである。どこがどう違うのか。それは、観賢僧正が奥院の霊窟に入定しておられる大師のお姿を拝見したとの話が、はじめて登場することである。

実は、いまも大師が奥院に生身を留めておられるとする入定留身説は、十一世紀初頭に現われ、藤原道長が高野山奥院に参詣した治安三年（一〇二三）十月にいたって不動のものになったと考える。しかるに、この道長の時点ではまだ、大師号の下賜にともなう観賢の奥院御廟の開扉とお衣替《ころもが》えのことは出てこない。

言い換えると、観賢による御廟の開扉にともなう一連の話は、道長が登山した治安三年から『御行状集記』成立の寛治三年（一〇八九）までの六十五年のあいだに考え出されたもの、といえる。

そこで、この節では十一世紀前期にかかれた（8）～（10）の三つの空海伝と十一世紀初頭にあらわれる入定留身説を一瞥し、観賢が登場する(11)の『御行状集記』は、「第三、弘法大師の入定留身信仰の成立過程」で取りあげることにしたい。

(8)清寿撰『弘法大師伝』(長保四年(一〇〇二)成立)

第八は、仁和寺の済暹《さいせん》(一〇二五〜一一一五)が『御入定勘決記《かんけつき》』に「長保年中所造の新伝」と引用する清寿《せいじゅ》の『大師伝』である。『修行縁起』を手本として書いたのであろう、『修行縁起』に酷似した文章がつぎのように見られる。

【史料8】(『弘法大師伝全集』第一、六七頁)

①諸の弟子等《ら》に語って曰わく。「吾れ、却世《きゃくせい》の思い有り。遂に㋐入滅に擬《ぎ》するは、明年三月中なり。仍《より》て、此の金剛峯寺を以って真然大徳〈僧正なり〉に付す。吾れ、初めは思いき。一百歳に及ぶまで、世に住して教法を護持せんと。然れども、諸の弟子等《ら》を恃《たの》んで、速やかに永く即世《そくせい》に擬《ぎ》するなり。弟子等《ら》、専ら悲泣することと莫れ。是れまた定理《じょうり》なり、者《てへり》。

②言《げん》の如く、同承和三（二イ）年丙辰三月二十一日、寅の尅《こく》、結跏趺坐して大日如来の定印を作して、㋑奄然《えんぜん》として入定したまう。期に至るに先だち、兼十日四時に供養するの時、諸弟子等を以って、共に弥勒の宝号を念ぜしむ。㋒唯《ただ》、目を閉じ息を止め言語無きを入寂と為すなり。自余は宛《あた》かも生身の如くにして、専ら差別無し。時に生年六十三（二カ）。夏臈《げろう》四十一なり。

③七々の忌に及んで、諸弟子等臨み見るに、顔色衰えず髻髪《けいはつ》更に生じたり。之に因《よ》って剃除を加え、衣裳を整え、石壇を畳んで、身基と為す。其の上に率兜婆一本を立て、種々の梵本大悲呪等を入れ、更に其の上に小宝塔を建立して、舎利を安置す。其の事、一向に真然僧正の営む所なり。（○数字・○記号・傍線筆者）

先に指摘したように、（7）の『修行縁起』がベースになっていることは間違いない。ただし、大幅に省略されているところは異なるけれども、内容的には（7）の『修行縁起』に准ずるものといえる。

そのなかで注目されることは、『修行縁起』が「入定」と表記するところを「入滅」

「入寂」と書きかえているところである。上段に『修行縁起』を、↓の下に『大師伝』をあげると、つぎのようになる。

ア、吾れ、入定に擬《ぎ》するは来る二十一日寅の刻なり。↓(あ)入滅に擬《ぎ》するは。
イ、吾れ入定の間、知足天に往きて慈尊の御前に参仕す。↓なし。
ウ、寅の時、結跏趺坐して大日の定印を結び、奄然として入定したまう。↓(い)同じ。
エ、唯、目を閉じ言語無きを以て入定とす。自余は生身の如し。↓(う)入寂と為す。

ではなぜ、書きかえられたのか。その理由を明確にすることはできないが、あるいは「入定」なることばがまだ定着しておらず、揺れていた時代を反映しているとも考えられよう。いいかえると、この『大師伝』が書かれた十一世紀初頭には、入定信仰はまだ衆目の一致するところとはなっていなかった、揺籃期であった、とみなしておきたい。

（9）『遺告諸弟子等』（十一世紀はじめの成立）

第九は、（5）の『遺告二十五箇条』を手本として高野山で編纂された『遺告諸弟子等』である。さきに、（5）『御遺告』で引用した第一条の文章のなか、最初の部分、

吾れ、去《い》じ天長九年十一月十二日より、深く穀味を厭《いと》いて、専ら坐禅を好む。

（傍線筆者）

の、傍線部「吾れ」と「より」を欠くほかは、全く同文である（「吾自天長九年……」の「吾自」を省略する）。よって、内容も（5）『御遺告』と同じであり、これ以上の言及はしないでおく。

〔付記3〕

この項目のはじめに、本書は「（5）の『遺告二十五箇条』を手本として高野山で編纂された」と書いた。このことに関して、ひとこと述べておきたい。空海作『遺告』と称される著作は一つ

ではない。『弘法大師伝全集』第一には、五つの「遺告」を収載する。この『伝全集』が編纂されたころは、後述するような主題の違いがまだ問題になっていなかったのか、『御手印縁起』『太政官符案并遺告』『遺告二十五箇条』『遺告真然大徳等』『遺告諸弟子等』の順に収録されている。実は、『遺告二十五箇条』と残りの四つとは、その主題と成立年代が異なっており、同列に論じることはできないのである。

どのような違いがあるのか。一言でいうと、『遺告二十五箇条』は真言宗のなかで東寺が中心となるべきであるとの「東寺為本説」が主題で十世紀の中ごろの成立であり、残り四つは空海が高野山をふくむ広大な土地を地主の神である丹生都比売命《にうつひめのみこと》から譲渡されたとするのが主題で、十一世紀の初頭に高野山で作成されたのであった。

ではなぜ、高野山は四つもの「遺告」を作成しなければならなかったのか。正暦五年(九九四)七月六日、落雷のため、高野山の壇場伽藍は御影堂《みえどう》だけを残し、すべての堂塔が灰燼《かいじん》に帰した。再建しようとしたが、この当時の高野山には寺領と称するものが皆無に近かった。つまり、再建するための財源がまったくなかった。そこで、検校雅真たちは財源を確保するため、空海は紀伊国の北半分に相当する莫大な土地を地主の神・丹生都比売命から譲渡されていたとの証拠文書として、急きょ「遺告」類を編纂した、と私は考える(拙稿「御手印縁起の成立年代について」『密教学研究』第二七号参照)。

四つの「遺告」類のうち、『御手印縁起』をのぞく三つは『遺告二十五箇条』を手本としており、文章の長短はあるけれども、内容的にもほぼ同一といえる。そのなかにあって、文章が唯一書き替えられているのが『太政官符案并遺告』のつぎのところである。

入定の後、兜率他天に往生し、弥勒慈尊の御前に侍《はべ》るべし。(傍線筆者)

この傍線部「入定の後」は、『遺告二十五箇条』では「吾れ閉眼の後」となっており、この書き替えが意識的になされたものであれば、注意を要する。つまり、十一世紀初頭に、高野山ではすでに空海の「入定」が意識されていたことになるからである。ただし、この「入定の後」の一句は当初から書き替えられていない、このことが確定して、はじめていえることになるのであるが。

(10) 仁海撰『秘密家宗体要文』(長暦年間(一〇三七~四〇)成立)

第十は、高野山の入定信仰の成立に大きな役割をはたしたと考えられている仁海《にんがい》の『宗体要文《しゅうたいようもん》』である。本書は、初代大日如来から第十五代仁海にいたる祖師の略伝を集

成したもので、その「第八祖空海伝」は、入唐に関する記事が約半分、空海の最期に関してはきわめてそっけなく、ただ、

承和二年三月二十一日入定す。（傍線筆者）

と記すだけである。

簡略ではあるが、「入定す」と言い切っているところに撰述された時代というか、この時代の到達点が感じられる。とはいえ、仁海のこの著作からは入定の具体的な様子は見えてこない。この欠を補うというか、同時代の史料に空海「入定」の様子が語られているので、それらをみておきたい。

〔付記4〕

後掲の『宗体要文』「仁海」の項に、「年少の時、高野山大師入定の奥院に参って、影像を拝し奉り、恋慕渇仰《かつぎょう》して三箇年の間、本京に帰らず」とあって、入定している空海の尊顔を拝したとも

解することができる一文が見られた。これを信じるならば、仁海は確信をもって「入定す」と書いたといえよう。

(4) 十一世紀初頭の入定留身説

空海はいまも、高野山奥院に生身を留めておられるとの入定留身説は、いつ、誰が、何を契機に、何を目的に創りだしたのであったか。最初に、結論的なことをいうと、空海の入定留身説は、十一世紀はじめ、高野山から発信され、またたく間に畿内・京都にまで知られるようになっていたと考えられる。なぜ、高野山から発信されたのか。その裏に何があったのか。しばらく、このことをみておきたい。

㋐寛弘元年(一〇〇四)七月二十八日付金剛峯寺奏状

今日伝存する史料のなか、治安三年(一〇二三)十月、藤原道長が高野山に参詣する以前、すでに大師が奥院に生身を留めておられることを記す史料が三つある。

その最古の史料は、寛弘元年(一〇〇四)九月二十五日付の太政官符が引用する金剛峯寺奏状である。さっそく本文をあげてみよう。

【史料9】寛弘元年七月二十八日付金剛峯寺奏状（『平安遺文』四三六号文書、五六一～二頁）

太政官符す　紀伊国司
雑事《ぞうじ》二ヶ条
一、応《まさ》に寺家地《じけち》と中納言　平　卿《たいらのきょう》所領荘四至《しいし》内と、慥《たしか》に山地田畠を注進せしむべきの事
四至《しいし》　東限る大日本国《やまとのくに》堺川、今案ずるに謂く丹生川、
南限る阿帝川《あでがわ》南横峯、西限る応神山谷《おうじんやまだに》、
今案ずるに、謂く星川神勾谷、北限る吉野川、
右あ金剛峯寺去《いぬ》る七月廿八日の奏状を得るに偁《い》わく。謹しんで案内《あない》を検ずるに、寺家の本願弘法大師は、入学（唐）受持の密教を以て、帰朝ののち流布の弘願を誓って三鈷を投げて有縁の地を示すべし、者《てへり》。（中略）い大（太）政官弘仁七年七月八

日の符に偁《い》わく。㋒十禅師空海の奏状に偁《い》わく。
耆闍《ぎじゃくつのみね》崛嶺は尺迦の迹《あと》移して以て絶えず、孤岸の奇峰は観音の跡《あと》流れ来たって相い続く。其の所由を尋ぬれば所は異なれども趣は同じなり。仍《より》て上《かみ》は国家の奉為《おんため》に、下《しも》は群生を利せんが為に、籔を芟《か》り夷《たいら》げて、伽藍を建立せん。爾《しか》りしより以降《このかた》恵日峰に留まって、初めて密教の蔵を開く。定水洞長を出で、真言の源を流す。望《のぞ》み請《こ》うらくは天裁せよ。件の山の四至の内、永く以て領掌す、者《てへり》。請《こ》うるに依れ、者《てへり》。
㋓然る後《のち》、大師全身を以て入定し、曾《かつ》て爛壊《らんえ》せずして、弥勒の出世を待つ。爰《ここ》に時代推移し、適《たまたま》雑役《ぞうやく》を付し負う。然《しか》るに寺家の奏状に依り、承和三年三月十日、仁寿元年九月廿三日の両度官符を下し給うて、免除せらるること已《すで》に了《おわ》んぬ。爾《しかり》しより以降《このかた》専ら他の妨《さまたげ》無し。

（以下略、○記号・傍線筆者）

傍線㋓に、「然る後、大師全身を以て入定し、曾《かつ》て爛壊《らんえ》せずして、弥勒の出世を待つ」とあり、「全身を以て入定」「爛壊せず」とあることから、まさに入定留身しているお姿を語ったものといえよう。傍線㋐に「金剛峯寺去る七月廿八日の奏状を得るに偁《い》わく」とあって、この一文は金剛峯寺が平卿からのいわれなき雑役の不当を奏上したときの文中にみられるものである。

したがって、高野山はまさに大師が入定留身している聖地である、と金剛峯寺・高野山が朝廷に書き送っていたのである。つまり、大師が入定留身していることを最初に発信したのは高野山であった。このことに留意すべきであると考える。

㋑惟宗允亮撰『政事要略』

第二は、『政事要略《せいじようりゃく》』の作者・惟宗允亮《これむねのまさすけ》が、河内守であった寛弘五年（一〇〇八）九月五日、大県《おおあがた》郡普光寺の幡慶《ばんけい》から聞いた話である。允亮の著書『政事要略』巻二十二の「年中行事八月　上」を、四段落にわけてあげる。

【史料10】『政事要略』巻二十二（『新訂増補国史大系』第二八巻、六～七頁）

①余《よ》、寛弘四年出《いで》て河内守となる。

②(あ)五年九月五日、大縣郡普光寺に往《ゆ》く。僧幡慶《ばんけい》語って云わく。「依怙《えこ》無きため、高野に住まわんと欲《おも》う。未だ本意を遂げざるの間、夢に彼の高野に詣でるの処、一《ひとり》の宿徳の僧有り。倚子《いす》に居《すわ》って曰《のたま》わく。『吾れは弘法大師是れなり。汝《なんじ》遅し、此の地に来ること。若《も》し衣食の難きを思うか。衣食に至っては、吾れ自から与うべし。天台六十巻を持って、来たり見るべきなり。菅丞相《かんしょうじょう》は我が逆世の身なり。小野道風《みちかぜ》は順世の身なり。今天満天神と称して、世間に遍満し、衆生と結縁するなり。』と。

③幡慶、夢にて大師に謁《まみ》ゆる。已《すで》に少縁に非ず。(い)大師入滅の後、其の身乱壊《らんえ》せず。猶《なお》高野に在《いま》す。希代の事なり。大師は、才智世に勝れ、草隷《そうれい》功を得る。丞相は才智足《そな》わり、道風は草隷を善《よ》くす。後身と称するは、是れ尤《もっと》も感有る者なり。

④幡慶、頗《すこぶ》る修学に勤む。仍《よ》て此の示現有るか。或いは云わく。第三地の菩薩なり、と云云。（以下略、○数字・○記号・傍線筆者）

とある。これを要約してみよう。

①わたくし惟宗允亮《これむねのまさすけ》は、寛弘四年（一〇〇七）河内守に任ぜられ、任地に赴いた。

②同五年九月五日、同国大県《おおあがた》郡の普光寺に参ったとき、僧幡慶《ばんけい》が次のように語るのを聴いた。「頼るべき人もなく、高野に住みたいと考えていましたが、その願いを叶えないまま過ごしていたところ、高野に詣でる夢をみた。ひとりの高徳の僧が現れ、倚子《いす》に坐って語られました。

『私は弘法大師だ。高野山に来るのが遅いではないか。衣食のことは、私が提供するから心配しなくてよい。だから、天台六十巻をもって、早く来なさい。菅原道真は不幸なる後身であり、小野道風《みちかぜ》は幸いなる後身である。とはいえ、（道真は）いま天満天神と称されて世の中に知られ、生きとし生けるものすべてと繋がっている』」と。

③幡慶は、夢で大師に拝謁したのであった。（だから）高野山とのご縁は決して浅くない（と想った）。その高野山であるが、（聴くところによると、）「大師は、入滅されたあとも、その肉体はくずれることなく、今もなお高野山におられます。世

にも不思議な真にまれなことであります。」と。大師は、才智に勝れ、草書と隷書に巧みであられた。道真は才智の面を受けられ、道風は草書隷書の面を受けられたのだ。後身と称するのは、大師をもっとも身近に感じる者であったからである。

④幡慶がこのような夢をみたのは、一心に修学に励んだからである。あるいは、大師は第三地の菩薩であるからである、とのことである。

記録した惟宗允亮は、永観二年（九八四）ころ明法博士となった当代第一の大学者といわれた人物であった。しかもこれは、河内守として、普光寺の幡慶からちょくせつ聴聞したことを記した文章である。したがって、ここに書かれていることは、ほぼ信じてよい。

ここにいう「大師は、入滅されたあとも、その肉体はくずれることなく、今もなお高野山におられます」とは、幡慶が語ったことばであろう。とすると、寛弘五年（一〇〇八）当時、大師の入定留身説が河内地方に伝わっていたことを知りうるのである。「金剛峯寺奏状」の「爛壊」が「乱壊」となっている点からも、両者の連関がうかがわれよう。

㋒清少納言『枕草子』

第三は、中宮定子《ていし》に仕えていた清少納言の『枕草子』である。『同書』の「寺は」ではじまる一段に、生身を留める大師を記したとみなされる一文がみられる。その一段はつぎの通りである。

【史料11】『枕草子』（『岩波古典文学大系』19、二四八頁）

寺は、壺坂。笠置。宝輪。高野は、弘法大師の御すみかなるがあわれなるなり。石山。粉河。志賀。（傍線筆者）

ここの「あわれなる」は「尊いさま。ありがたいさま」をいう。よって、傍線部は、「高野山は大師が（いまも生身をとどめて）お住いになっておられる。尊くありがたいことであります」との意と解される。

『枕草子』の成立は、長保三年（一〇〇一）正月から八月のころとみなされていて、その写本は三ないし四系統に別れるといい、そのうちの「伝能因所持本《でんのういんしょじぼん》」系統に、この「高野は」の一文はみられるという。より原初形態をとどめるといわれる「三巻本」系統は、「霊山は、釈迦仏の御住みかなるがあわれなるなり」と記されている。この点には考慮の余地が残るけれども、能因は清少納言と婚姻関係にあった橘則光《たちばなののりみつ》と同族であった。ここでは、このことを付言するにとどめておく。

以上、十一世紀初頭に成立したと考えられる三つの史料では、大師はただ「爛壊《らんえ》することなく全身をとどめている」と記すだけである点に、留意すべきである。

とはいえ、第一の「金剛峯寺奏状」に康保五年（九六八）成立の『金剛峯寺建立修行縁起』を勘案すると、「爛壊《らんえ》することなく全身をとどめている」大師像を創出し喧伝したのは、高野山であったことが知られる。この「生身をとどめている」大師像は、またたく間に都や河内国でも知られるようになっていたことは間違いない。

（5）入定説が生み出された背景

では、この「爛壊《らんえ》することなく全身をとどめている＝入定している」大師像を創りだした背景には、何があったのか。なぜ、この時代に、このような大師像は創られたのか。ただちに想起されるのは、高野山に壊滅的な危機をもたらした正暦五年（九九四）七月六日の落雷による大火と、その後の高野山上の惨状である。このとき、壇場伽藍の堂塔は御影堂だけを残して、すべて灰燼《かいじん》に帰したといい、山上には住む僧もいなくなったという。

『高野春秋』巻第四、正暦五年七月六日の条は、

【史料12】（『大日本仏教全書』第一三一巻、六〇頁）

秋七月六日。迅雷《じんらい》大塔を震《ふる》わせ、即《ただち》に炎上す。壇上の諸伽藍累焼す。唯《ひとり》御影堂を余《のぞ》く、まくのみ。

と、大塔に落雷があり、伽藍諸堂がことごとく類焼したことと、ただ一つ御影堂だけがのこった事実だけを記す。

この危機に際して、寺領荘園をほとんど持ちあわせていなかった高野山は、二つの方策を考え出した。

第一は、伽藍を再建するための財源確保を目的とする「遺告類」の創出であった。つまり、『遺告諸弟子等』をはじめとする高野山で作成された「遺告類」は、寺領荘園を確保するために、寛弘四年（一〇〇七）ころ、空海に仮託して偽作されたのであった。

第二は、「爛壊することなく全身をとどめている」入定留身する大師像を創出して、高野山が弥勒の浄土であることを喧伝することにより、高野山への参詣を促し、恒常的に逼迫していた財政難からの脱却をめざしたのであった。先にみたように、「全身をとどめ入定している＝入定留身する」大師像を記す最古の史料は、寛弘元年（一〇〇四）九月二十五日付の太政官符が引用する「金剛峯寺奏状」であった。

これらの方策を実行するにあたり活躍したのが、高野山の初代検校となった雅真であり、若き日、高野山で雅真から教えをうけた仁海であった。雅真は淳祐《しゅんにゅう》の付法の弟子であり、仁海の灌頂の師・元杲《げんごう》もまた淳祐の付法の弟子であった。つまり、この危機に際して活躍したのは、雅真・仁海ら淳祐の系統につらなる僧たちであった。のちに、観賢による奥院御廟の開扉説話に淳祐が登場するのは、あるいはこの師弟関係に起因するのかもしれない。

仁海が長暦年間（一〇三七〜四〇）に撰述した『秘密家宗体要文』「仁海」の項には、仁海が若き日、高野山で雅真について悉曇《しったん》と宗義を学んだこと、元杲から灌頂を受法したことを、つぎのように記す。

【史料13】『秘密家宗体要文』「仁海」の項（『弘法大師伝全集』第一、七九頁）

①大僧都元杲の入室、付法灌頂の弟子なり。

②年少の時、高野山大師入定の奥院に参って、影像《ようぞう》を拝し奉《たてまつ》り、恋慕渇仰《かつぎょう》して三箇年の間、本京に帰らず。

③大法師雅真に依付《えふ》して、深く悉曇を味わい、宗義を練習す。

④長ずる年以後、大僧都元杲に相《あい》従って、両部の大法を受学し、及び伝法灌頂し了《おわ》

んぬ。

⑤卅一にして東寺定額僧に補任され、四十六にして独り阿闍梨に補さる。

（以下略、○数字・傍線筆者）

なかでも、この②に「年少のとき、大師がご入定なさっておられる高野山奥院にまいり、大師のお姿を拝することができたので、（それ以後）あこがれお慕いもうして三年のあいだ、京都に帰らなかった」と、仁海みずから記していることは、銘記されるべきである。ただ一つ気がかりなのは、仁海の生没年は九五一年（天暦五）から一〇四六年（永承元）であったので、その「年少のとき」とはいつであったか。「入定」なることばが最初にみられる『金剛峯寺建立修行縁起』の成立は康保五年（九六八）であった。このことから、少し若すぎるようにも想われるのである。

それはさておき、落雷によって御影堂をのぞく伽藍の諸堂がことごとく焼失したあと、検校《けんぎょう》職《しょく》にあった雅真は、ただちに復興に着手した。まず、東寺長者寛朝を通じて、藤原道長の姉東三条院詮子《せんし》に執奏《しっそう》して、天野の神宮院・山王堂・曼荼羅院を修補し、あらたに僧房六宇を創って、検校坊と山籠僧の僧房とした。

また、天野とその近在の花坂・志賀・四村・教良寺・山崎村の六ヶ七郷を寄進せられ、天野社領とした。長徳四年（九九八）三月、紀伊守大江景理《かげまさ》を奉行として金堂再興の土木事業をはじめたが、同年六月に寛朝が、翌長保元年（九九九）三月には雅真が、同三年十二月に東三条院が没するにおよんで、復興事業は頓挫してしまったという。

そのあとをうけて、仁海は寛弘四年（一〇〇七）十月十一日、大塔を再興せんとして知識願文を奏上したけれども、紀伊国司大江景理《かげまさ》が執奏《しっそう》しなかったため、勅許されるにいたらなかったという。そうして、長和五年（一〇一六）三月の祈親上人定誉《じょうよ》の登山をへて、復興は本格的にすすめられ、治安三年（一〇二三）十月の藤原道長の高野山参詣につながるのであった。

(6) 藤原道長の高野山参詣

これまでに紹介してきた史料のなか、もっとも注目すべきは康保五年（九六八）成立の（7）雅真撰の『修行縁起』であった。なぜなら、明らかに「入定」が意識され、生身の大師が叙述されていたからである。

しかるに、入定留身信仰の契機になったといわれる大師号の下賜をからめた話は、(10)仁海の『宗体要文』までの史料にはまだ見られない。観賢の上奏による大師号の下賜と奥院御廟の開扉、お衣替えの話が登場する最古の史料は、寛治三年(一〇八九)成立の(11)経範撰『大師御行状集記』である。

とはいえ、仁海の『宗体要文』が、大師の最期を「入定す」と明記していたように、『宗体要文』が書かれた一〇三七〜一〇四〇年ころ、高野山を中心とする真言宗内では、大師は今も奥院に生身を留めている、入定留身されている、とみなされていた。そればかりではなく、すでに、天皇の近くでも大師の入定留身説が喧伝されていたことは、『枕草子』にみた通りである。

この大師の入定留身説が天下に知られていく上で忘れてならないのが、治安三年(一〇二三)十月の藤原道長による高野山参詣である。なぜなら、奥院御廟において、生身を留めている大師を拝することができた、と明確に記す最古の史料が、道長の参詣記録であったからである。ここで、その道長による高野山参詣の経緯をみておきたい。

道長の高野山参詣にかんする信頼できる史料が三つある。すなわち、

①『扶桑《ふそう》略記』第二十八所収「藤原道長高野山参詣記」

②小野実資《さねすけ》『小右記《しょうゆうき》』治安三年十一月十日条

③『栄花物語』巻第十五「うたがひ」

の三つである。

このなか、奥院御廟において、生身を留めている大師を拝したと明確に記すのは、③の『栄花物語』である。

『栄花物語』をみる前に、道長の高野山参詣の日程を一瞥しておこう。

ⓐ藤原道長の高野山参詣の日程

藤原道長の「高野山参詣記」の原本は伝存していないが、ほぼ全文が『扶桑略記』第

二十八に収録されている。これによって、京都を出発してから帰洛するまでの日程を記しておく。道中で立ちよった寺院と宿泊したところも併記しておく。

治安三年十月十七日　京都出発。東大寺泊。
　十八日　大仏・銀堂・興福寺・元興寺・大安寺・法蓮寺・山田寺
　十九日　本元興寺・橘寺・竜門寺
　二十一日　高野政所・山中仮屋泊
　二十二日　金剛峯寺
　二十三日　奥院廟堂に参詣、『法華経』・『理趣経』を供養し理趣三昧を修す。
　二十四日　高野政所
　二十五日　大僧正房・前常陸介維時宅泊
　二十六日　法隆寺（東院・夢殿）
　二十七日　河内国道明寺

二十八日　四天王寺・国府大渡下にて御船に乗る。
二十九日　江口
三十日　山崎岸辺にて御船を下りる。関外院
十一月　一日　入京。七条河原路を経て法成寺御堂に入御。

これより、十三泊十四日の旅であったこと、高野山に二泊したとはいえ、慌ただしい参詣であったことがうかがえる。

ⓘ小野実資『小右記《しょうゆうき》』の記録

つぎに、藤原道長が高野山奥院に参詣したときの様子をみてみよう。道長が奥院に参ったときの詳細を知りうる史料が二つある。一つは先にあげた『扶桑略記』であり、あと一つは小野実資《さねすけ》の日記『小右記』である。

まず、『小右記』からみておこう。実資は、道長が高野山参詣から帰洛した十日後の十一月十日の午後、道長邸を訪ね、清談するなかで高野山参詣のことを聴き、自らの日

記に記録したのであった。したがって、信憑性の高い史料である、といってよい。

『小右記』治安三年（一〇二三）十一月十日の条に、道長が奥院で見聞したことの詳細が記されている。

【史料14】（大日本古記録『小右記』六、二二七頁）

①未《み》の時許《ばかり》に禅室に詣《ゆ》き、〈宰相乗車の後〉良《うるわ》しく久しく清談す。多くは是れ高野の事なり。亦《また》路次の寺々を拝す。更に河内の智職《（ママ）》寺を拝す。

②高野に於いて諷誦《ふじゅ》を修し、法花経一部・理趣経卅巻を供養す。〈講師は前《さきの》僧都心誉なり〉

③次に理修（趣）三昧を行じ、彼の寺の僧卅人を請用《しょうよう》す。〈布衣袴・袈裟・綿衣等を施与す。三昧を行じ畢《おわ》んぬ〉、此の間、大師廟堂の戸の桙立《ほこたち》漸《ようや》く放ち、仏供机と理（趣）三昧阿闍梨の礼盤の中間に顚臥《てんが》す。希有の事なり。二の釘は遺（遺カ）柱に、其の外の一つの釘ハ桙立乃本仁打ハサメ

④大僧正済信云わく。進み寄りて拝し奉るべし。是れ然るべきなり、者《てへり》。仍《よ》って

慭《なまじい》に礼盤に昇《かつ》ぎ立て、其の上に登り堂内を見奉《たてまつ》る。墳《はか》の如き物有り。白土を塗る。高《たかさ》は二尺余許。今思うに又《また》三尺余許なる者あり。堀（掘）土か。合せて六尺許《ばか》りか。

⑤初めは件の廟の上に塔を造る。而《しか》るに野火の為に焼かれ、堂を造らしむ。其の年紀は癸亥《みずのとい》、支干《えと》は今年に当る。（以下略、○数字・傍線筆者）

このなか、②〜⑤が高野山に参詣したとき、奥院で実際に体験した御廟の様子を記したところである。このところを要約してみよう。

②高野山にて諷誦《ふじゅ》を修し、『法花経』一部・『理趣経』三十巻を供養した。この読経会の講師は、前《さきの》僧都心誉であった。（心誉は、叡山の智証大師円珍の末弟であった。）

③ついで理趣三昧を修した。この法会には、金剛峯寺の僧三十人を屈請しておこなった。〈これらの僧には、布衣袴・袈裟・綿衣等を施与した。理趣三昧を修しお

わった〉

理趣三昧を修している最中に、大師廟堂入り口の戸の枠立《ほこたち》がはずれ、仏供机と理趣三昧阿闍梨の礼盤《らいばん》の中間に横倒しとなった。真に不思議なことであった。二つの釘は柱にのこり、あと一つの釘は枠立に打ちはさまっていた。

④それを見ていた大僧正済信（東寺長者・九五四〜一〇三〇）は言った。㋐前に進みよってよく見なさい、と。そこで、㋑無理やり抱えられて礼盤の上に登り、廟堂内を見ると、㋒墳墓のようなものがあった。㋓白土を塗ったのが二尺余、㋔掘土《ほりつち》が三尺余、㋕合計六尺ばかりの高さであった、という。

⑤最初、この廟の上には塔が造られていたけれども、野火によって焼失してしまった。そこで、廟の上にお堂を造らせた。その年紀は癸亥、つまり今年（＝治安三年）である、と。

この『小右記』できわめて注目すべきは、

ア、理趣三昧の最中に、御廟の入り口の戸がにわかに開いて、なかを見ることができた。
イ、大僧正済信のことばをうけ、礼盤の上から廟内をみたところ、白土を塗ったものが二尺、掘り土が三尺あまり、合計六尺ばかりの墳墓ようなものがみえた。

と記すところである。だが、ここには大師のお姿を拝したとする記述はまだみられない。

㋒『扶桑略記』所収「藤原道長高野山参詣記」

つづいて、道長が高野山に参詣したときの記録「高野山参詣記」とも称すべき、『扶桑略記』第二十八所収の記録をみておきたい。京都を出立したときと、高野山上における道長の動静を記すところをあげておく。

【史料15】『扶桑略記』（『新訂増補国史大系』第一二巻、二七六〜九頁）

①治安三年十月十七日丁丑《ひのとうし》。入道前大相国《さきのだいしょうこく》、紀伊国金剛峯寺に詣でる。則ち是

れ弘法大師の廟堂也。（中略）

②二十二日。内相府（教通《のりみち》）以下、払晨《ふっしん》に雨を侵《しの》いで、共に御歩にて追《したが》う。申《さる》の尅《こく》、金剛峯寺に御す。晩頭《ばんとう》、住僧卅口に法服を給う。此れ明日の法会の請僧《しょうそう》なり。〈絹袈裟一条。手作衣一領。綿袙《あこめ》一領。絹裳一腰。狩袴一腰等なり〉

③二十三日　癸未《みずのとひつじ》。

(あ)払暁《ふつぎょう》。廟堂に詣でる。〈大寺を去ること五十許町なり〉是に於いて山窟の雲曙《あ》け、漢天の雨晴れる。

(い)法華経一部。般若理趣経卅巻を供養す。権少僧都心誉を講師と為《な》す。〈今《いま》事の情《さま》を案ずるに、弘法大師は、密教の祖師、智証大師の外舅なり。今の講師は、智証の門徒にして、顕密を兼長す。喎する所故《ゆえ》有り〉演説の詞《ことば》は富留那に伝《ゆづ》らる。顕密の道疑に関する霧を開く。

(う)僧正、申されて云わく。大師入定の後、漸《ようや》く二百年に欲《なら》んとするに、廟堂の戸、殊《こと》に開闔《かいこう》せず。㋐而《しかる》に先年《せんねん》、石山僧の淳祐という者有り。安住一念し、斯《こ》れを以て百日、午《うま》の時、廟堂の戸人無くして少し開く。

㋓禅下、深く此の語《かたり》を信じて観念する中《うち》、㋑廟戸の桙立《ほこたち》、自から以て仆《たふ》る。満座の眼、忽ちに以て之に驚き、㋒瑞相の感、此れに於いて之を現ず。

㋔此の間、左衛門督（隆家）追て以て参上す。申《さる》の時。大寺に帰りたまう。中使蔵人右馬権助源資通来りて天書《てんしょ》を伝う。（○数字・○記号・傍線筆者）

この記録で特筆すべきは、③の㋒と㋓のところである。要約してみよう。

㋒僧正（済信カ）が、つぎのように申された。大師が入定されたあと、ようやく二百年になろうとしているが、この間、廟堂の戸は特別なことがない限り開閉しなかった。㋐しかるに先年、石山寺の僧・淳祐《しゅんにゅう》は、一念に安住して百日目の正午ごろ（午《うま》の時）、廟堂の戸が人のいないにもかかわらず少しばかり開いた、という。

㋓道長は、このことを深く信じて観念をこらしていると、㋑御廟入り口の戸の桙立《ほこたち》が突然まえに倒れた。そこに集まっていた人たちは、すぐさま驚きとともに、㋒

この瑞相は道長の真心に（大師が）感応されたものである、と想った。

ここには、多くの人たちが見まもるなか、御廟入り口の戸の桙立《ほこたち》が突然まえに倒れた、ということだけを記す。しかし、『小右記』の記述からは御廟のなかが見えていたことは間違いない。ただ、この記録の筆者である修理権大夫源長経《ながつね》は、位置的に、あるいは御廟内をよくみることができなかったため、桙立《ほこたち》が突然倒れたことだけを記したのではなかったかと推察しておく。

もう一点、留意すべきことがある。それは、この道長の「高野山参詣記」に淳祐の事績、すなわち百日のあいだ奥院に参詣したところ、廟堂の戸が開いたと記すことである。これが何を意味するのかについては、後考に委ねたい。

〔付記5〕

大師伝のなか、淳祐が観賢にともなわれて高野山奥院に参り、入定留身せる大師の膝に触れることができたことを記す一等古い史料は、仁平二年（一一五二）成立の『弘法大師御伝』である。

この「高野山参詣記」との百年以上にわたる年代の開きをいかに解すべきであろうか。

㋓『栄花物語』巻第十五「うたがひ」

「高野山参詣記」は、高野山に参詣した道長をはじめとする当事者たちは、御廟入り口の桙立《ほこたち》が倒れ、六尺あまりの墳墓のようなものが見えた、としか記していなかった。しかるに、ほぼ同時代に書かれた『栄花物語』――本編の成立は長元年間（一〇二八～三七）とみなされている――には、禅定している大師の姿をまのあたりにみたといい、そのことを「大師の御入定の様を覗《のぞ》き見奉《たてまつ》る」と表記するのであった。さっそく、『栄花物語』巻第十五「うたがひ」の本文をあげてみよう。

【史料16】『栄花物語』「うたがひ」（『日本古典文学大系』75、四五五頁）

①高野に参らせ給ひては、㋐大師の御入定の様《さま》を覗《のぞ》き見奉《たてまつ》らせ給へば、㋑御髪《ぐし》青やかにて、㋒奉《たてまつ》りたる御衣《ぞ》いさゝか塵《ちり》ばみ煤《す》けず、鮮《あざ》やかに見えたり。㋓御色《いろ》のあはひなどぞ、珍《めづら》かなるや。㋔たゞ眠《ねぶ》り給へると見ゆ。㋕あはれに弥勒の出世

龍花三会《りゅうげさんね》の朝《あした》にこそは驚《おどろ》かせ給はめと見えさせ給。

②大師、承和二年三月廿一日仁明《にんみょう》天皇の御時《とき》の程《ほど》、百八十余《よ》年にやならせ給ぬらん。かくおぼし至らぬ隈《くま》なく、あはれにめでたき御心の程、世の例《ためし》になりぬべし。

（○数字・○記号・傍線筆者）

右の文章を要約してみよう。

①高野山に参詣なされて、㋐大師がご入定なさっておられる様子をご覧になられたところ、㋑大師の御髪は青やかで、㋒贈られた御衣は少しもよごれたりすすけたりしていなくて、鮮やかであった。㋓お顔の色もかわりなきは、まことに珍しきことよ。㋔ただ眠っておられるように見えた。㋕有難いことに弥勒菩薩がこの世にお出ましになるとき、きっとお目覚めになられるであろう、と拝見いたしました。

②大師が最期をお迎えになられたのは、承和二年三月二十一日、仁明天皇の御代で

あったから、百八十年あまり過ぎ去ったことになります。弥勒菩薩が下生なさるとき、お目覚めになるとの想いはぬかりなきことであり、まことに尊くありがたきお心であって、世間一般のことでは決してありません。

この『栄花物語』にいたって、㋑御髪は青やかで、㋓お顔の色もかわりなく、㋔ただ眠っておられるようであったと、生身をとどめている大師のお姿が、はじめて具体的に記されるのであった。

この『栄花物語』は、道長の高野山参詣から十年ほどあとに書かれたとみなされているが、この生身のお姿は、いったい、何にもとづいて書かれたのであろうか。この背後に、仁海の姿が見えてくるのは私だけだろうか。

ともあれ、『栄花物語』は奥院に生身をとどめている大師を記録する最古の史料として、記憶されるべきである。

小結

以上、見てきた『小右記』・『扶桑略記』所収の「高野山参詣記」・『栄花物語』には、道長がなぜ高野山に参詣しようとしたのか、参詣の動機・理由については記されていなかった。しかるに、元永元年（一一一八）成立の聖賢《しょうけん》撰『高野大師御広伝』には、高野山参詣の契機となったのは、道長がみた夢告であったという。『御広伝』は、おそらく、道長の夢告のはなしを記す一等古い史料とおもわれるので、つぎに記してみよう。

【史料17】『高野大師御広伝』（『弘法大師伝全集』第一、二七八頁）

①禅定大相国《だいしょうこく》御堂《みどう》、夢みらく。

高野山は、十方賢聖《けんせい》常に住し、三世諸仏遊化《ゆげ》し、善神番々《ばんばん》に之《これ》を守り、星宿夜々《よよ》に之《これ》に参る。是れ釈迦転法の迹《あと》、慈尊説法の砌《みぎり》なり。一《ひとたび》此の地を踏めば、三悪《さんなく》の境に帰らず。一《ひとたび》此の山に詣ぜば、必ず三会《さんね》の暁《あかつき》に遇わん、者《てへり》。

②此の旨を以て仁海僧正に問わせらるるなり。〈相国の御書札、今に相存《あいそん》す〉其の

後、相国《しょうこく》、信心を凝《こ》らして聖迹《せいせき》に参詣す。御入定の禅庵の戸の脇板、俄《にわか》に破れ落ち、髣髴《ほうふつ》として御室内を視奉《たてまつ》る。人以て感応と為《な》す。（○数字筆者）

これを要約すると、以下のようになる。

①仏門に入られた御堂関白道長は、夢をご覧になられた。

高野山は、十方の徳の勝れたかたが常にすまいし、三世にわたる諸仏諸菩薩がすまうところであり、善き神々が強力に守り、星宿は夜ごとに参るところである。また高野山は、かつて釈尊が説法なさったところ、五十六億余年の後に弥勒慈尊が説法なさるところである。だから、一度この地を踏めば、地獄・餓鬼・畜生の三悪道《さんなくどう》の境界に生まれかわることはない。一度この山に参詣すれば、必ず弥勒菩薩の説法に出逢うことができる、と。

②この夢の真偽を仁海僧正にお尋ねになられた。〈そのときの道長の書状は、今も存在する〉（間違いない、との回答をえた）道長は、そののち、夢の内容を堅く信

じて、高野山に参詣なされたところ、大師ご入定の御廟の入り口の脇板がにわかに破れ落ち、廟窟内をはっきりと拝見なされた。これは、道長の真心に大師がお応えになったものである、と人々はいい合った、と。

ここに記された、高野山の聖地・霊場たることを夢みたことを契機として、道長が高野山に参詣した話は、道長の「高野山参詣記」ならびに『小右記』にはみられなかった。しかるに、約百年後の大師伝のなかに記されていたことから、真言宗内、特に仁海の周辺で創作された話とみなすこともできよう。

なお、『高野春秋』は、道長は高野山に参詣したとき、政所河南の地（＝いまの慈尊院一帯）を寄進し、同国の薬勝寺村を大師の御衣《おころも》料《りょう》として永世に施入した、と記している。

第三、弘法大師の入定留身信仰の成立過程

（1）「観賢僧正による奥院御廟の開扉とお衣替え説話」の初出史料

第二の課題である「観賢による奥院御廟の開扉とお衣替えの説話はいつから登場するか」を見ていこう。この観賢による奥院御廟の開扉とは、醍醐天皇の勅許をえて観賢が奥の院の霊窟をひらき、入定留身している空海のお姿を拝するとともに、新しい法服に着せ替えてさしあげたとの話の初出は、平安時代末期の十一〜十二世紀にかかれた空海伝であった。それら三つの空海伝、（11）（14）（15）から見ていこう。

（11）経範撰『大師御行状集記』（寛治三年（一〇八九）成立）

第十一は、第三十五代の東寺長者をつとめた経範《けいはん》の『行状集記』である。本書の特色の一つは、伝説・伝承のたぐいを積極的に収録する点である。ともあれ、空海の最期、

および入定信仰について見てみよう。
当面する課題と関連するのは、つぎの三条である。

①御入定の条　第九十八
②御入定の間、兜率他天に往き慈尊の出世に出定せしめ給うべき条　第九十九
③延喜年中、見奉る条　第百二

以下、順次、本文をあげることにする。
まず、①「御入定の条　第九十八」の全文をあげる。先行する本を「伝曰」「有書曰」といった見出しを付して引用しており、それらにⓐからⓞの番号を付しておく。

【史料18】（『弘法大師伝全集』第一、一八〇頁）
ⓐ伝に曰《い》わく。弟子に告げて曰《のたまわ》く。我《われ》却世の思い有り。本懐を遂げんと欲《ほっ》するは、既に明年三月の中なり。汝等法灯を挑《かか》げて秘蔵を護るべし。是れ仏恩を報じ師恩

を報ずるの計《はかりごと》なり、と云云。

(い)有書に曰わく。方《まさ》に今、諸弟子諦《あきらか》に聴け諦《あきらか》に聴け。吾が生期《しょうき》、今《いま》幾ばくもあらじ。仁等《なんだち》好く住して慎んで教法を守れ。吾れ永く入定に擬《ぎ》するは今年三月廿一日寅の剋《こく》なり。諸の弟子等悲泣《ひきゅう》すること莫《なか》れ。吾《われ》則ち滅せば、両部の三宝に帰信せよ。自然《じねん》に吾《われ》に代って眷顧《けんこ》せられん。是れ亦《また》定まれる理《ことわり》なり。吾《われ》生年六十二、法臘《ほうろう》四十一なり。吾《われ》初めは思いき。一百歳に及ぶまで、世に住して教法を護り奉らんと。然れども諸の弟子を恃《たの》んで、忩《いそ》いで永く即世《そくせい》に擬するなり、と云云。

(う)或る伝に曰わく。然れば則ち大寺の艮《うしとら》の角《すみ》より入ること三十六町にして入定の処《ところ》を卜《ぼく》せり。兼日《けんじつ》より之を営修《えいしゅう》す。其の期兼て十日、四時に行法す。其の間、御弟子等共に弥勒の宝号を唱う。時剋に至って言語を止め、結跏趺坐し大日の定印に住し、奄然《えんぜん》として入定したまう。時に承和二年乙卯《きのとう》三月廿一日丙寅《ひのえとら》寅の剋《こく》なり。目を閉じると雖も、自余は宛《あたか》も生身の如し。七七の御忌に及んで、御弟子等皆以て拝見するに、顔色変ぜず、鬢髪《ひんぱつ》更に生じたり。之に因《よ》って剃除を加え衣裳を整え、石を畳んで壇を築き其の上に覆い、率都婆を立て種々の梵本陀羅尼を入れ、更に其の上にまた宝塔を建立して仏舎利を安置す。御入定以後の沙汰は、一向に真然僧正の営む所なり、と云云。

㋓また或る書に曰わく。御入定の所に墓を造築せしめんが為に、勅《みことのり》に依って営作の料を賜う。後《のちの》太上天皇の弔書《ちょうしょ》有って曰《のたまわ》く。真言の法匠・密教の宗師、邦家《ほうけ》其の護持を憑《たの》み、動植《どうしょく》其の摂念《しょうねん》を荷《にな》う。豈《あ》に図らんや崦嵫《おんじ》未《いま》だ迫らず、無常遂《つい》に侵《おか》さんとは。之を言って恨《うら》みと為《な》す。悵恨曷《ちょうこんなん》ぞ已《おわ》らん、と云云。

㋔末代の弟子、竊《ひそか》に以《おもんみ》れば、月支《げっし》の迦葉《かしょう》尊者は形を鶏足《けいそく》に隠し、応化《おうけ》の付嘱《ふしょく》を受けて、慈尊の出世を期し、日域《にちいき》の弘法大師は、身を高野に蔵《かく》して法身の秘教を伝えて、龍華の三会を待つ。（〇記号・傍線筆者）

まず、㋐から㋔の番号を付した引用文の出典をみておく。

㋐伝曰　……一部は『建立修行縁起』

㋑有書曰　…『御遺告』

㋒或伝曰　…『建立修行縁起』
㋓又或書曰…『続日本後紀』「空海卒伝」
㋔末代弟子…初出の史料

それぞれまったく同文ではないが、㋐㋑㋒㋓は右に記した『御遺告』等からの引用、または参照していると考えて大過ない。したがって、再説しない。

これらに対して、㋒の傍線部と㋔は、本書が初出史料と考えられる。そこで、少し詳しくみておきたい。初出史料の第一、㋒の傍線部は、空海が最期を迎えるまえ、すでに入定処を選定していたと記すところである。

然れば則ち大寺の艮《うしとら》の角《すみ》より入ること三十六町にして入定の処を卜せり。兼日より之を営修す。

とあり、入定処を大寺、すなわち伽藍から東北に三十六町のところに卜定し、連日その修造につとめていた、と記す。「伽藍から東北に三十六町のところ」とは、まさに今の奥院の位置にあたる。十世紀中ごろの成立とみなされる『空海僧都伝』には、

（承和元年）九月初めに、自ら葬処《そうしょ》を定む。

と、ただ「葬処」というだけで、具体的な場所は記されていなかった。ここに、その場所が明確に記されていることに注目しておきたい。ただし、考えておくべきは、空海の時代に、今の奥院の地域まで開かれていたかどうかである。

初出史料の二つ目㋔は、摩訶迦葉《まかかしょう》とならべて弥勒菩薩の出世を待っている空海を記すところである。すなわち、

末代の弟子、竊《ひそか》に以《おもんみ》れば、月支《げっし》の迦葉《かしょう》尊者は形を鶏足に隠し、応化の付嘱を受けて、慈尊の出世を期し、日域の弘法大師は、身を高野に蔵《かく》して法身の秘教を伝えて、龍華の三会を待つ。

とある。ここには、前世に修行した因によって金色の身をえて鶏足山に生身をとどめる迦葉尊者と同等の存在として、空海は語られている。治承三年（一一七九）の成立とみなされる後白河法皇撰『梁塵秘抄《りょうじんひしょう》』に、

【史料19】（『日本古典文学大系』73、三八五頁）

三会《さんね》の暁《あかつき》待つ人は、所を占めてぞ　おわします、
鶏足山《けいそくさん》には摩訶迦葉《まかかせう》や、高野の山には大師とか、（二三四番）

と記されることとともに、特筆される。

つぎは、②「御入定の間、兜率他天に往き慈尊の出世に出定せしめ給うべき条　第九十九」である。本文をあげてみよう。

【史料20】（『弘法大師伝全集』第一、一八〇～一頁）

大師、御弟子に告示して曰《のたまわ》く。有る書に曰わく。吾れ入定の後、必ず兜率他天《としつたてん》に往きて、弥勒慈尊の御前に侍《はんべ》るべし。五十六億余の後、必ず慈尊下生の時、出定祇候《こうし》して、吾が先跡《せんせき》を問うべし。亦且《またかつ》うは、未《いま》だ下らざるの間、微雲の管《くだ》より見て、信否を察すべし。是の時に勤め有らん者は祐《たすけ》を得、不信の者は不幸ならん。努力努力《ゆめゆめ》、後に疎《おろそ》かに為《す》ること勿《なか》れ、と云云。

（傍線筆者）

これは一見して、『御遺告』第十七条の傍線部②以下とほぼ同文といってよい。内容については、『御遺告』を参照されたい。ただ、留意すべきは、『御遺告』が「吾れ閉眼の後には」と記すところを、「吾れ入定の後」と書き改められているところである。十一世紀はじめに高野山で創られた『太政官符案并びに遺告』が「入定の後」としているので、あるいはこちらを参照したとも考えられよう。

つづいて、③「延喜年中、見奉《たてまつ》る条　第百二」である。この条は、奥院の霊窟に入定している空海のお姿を拝見したとの話であり、空海伝では本書が初出史料と考えられる。経範は、三つの文章を引用するが、その前に、きわめて注目すべき一文を記している。すなわち、

【史料21】（『弘法大師伝全集』第一、一八一頁）

此の条に於いては、未《いま》だ証文を見ざる所なり。茲《これ》に因《よ》って、委しく注すること能《あた》わず。退いて、虚実《きょじつ》を尋ねて実否《じっぴ》を知らんが為《ため》に記す所なり。

とあって、この「未《いま》だ証文を見ざる所なり」「虚実を尋ねて実否を知らんが為《ため》に記す所なり」からは、経範自身、空海がいまも奥院に生身をとどめているとの入定留身説に、じゃっかんの疑義を懐いていたようである。

それはさておき、本文にあたる三つの文章をあげてみよう。

【史料22】（『弘法大師伝全集』第一、一八一〜二頁）

①或る説（書イ）に曰わく。帝皇の御夢想に依って、僧正観賢を以って祈請《きせい》せしめらる。重ねて夢想有るに依って、其の感応に随って、㋐御入定の巌室を開き、顔色を見奉るに、只《ただ》例の人の如し。思うに、往昔の色像《しきぞう》、此《か》くの如きか。僧正観賢、并《なら》びに勅使、凡《およ》そ見奉るべき人は、皆《みな》拝見す。然るに剃除を加え、御法服を整え、本《もと》の如く埋蔵し奉ること已《すで》に了んぬ。子細を具《ぐ》して公家《こうか》に奏聞し了んぬ、と云々。

②或る説に曰わく。延喜年中に、観賢僧正、祈請するに感応有り。㋑官裁《かんさい》を蒙《こうむ》って御入定の巌窟を開き、拝見せんと欲するの処、奥院に雲霧降り満ち、宛《あた》かも黒暗の如し。比肩《ひけん》列座の輩《ともがら》、纔《わず》かに音声《おんじょう》を聞くと雖《いえど》も、体相《たいそう》を見ること無し。上下の道俗、怖畏《ふい》を成し、三宝を念じ奉《たてまつ》る。爰《ここ》に僧正観賢、罪障の深きを恥じて、屢《しばしば》無量の懺悔を致す。其の後、㋒漸々《ぜんぜん》に雲霧散じて、既《すで》に御入定の法体《ほったい》を拝見し奉るに、宛《あた》かも睡《ねむ》れる人の如し。敢《あ》えて衰えたる容色無し。然るに勅使等、礼拝し奉り、欣悦《きんえつ》極り無し。次で御髪を剃り奉り、法衣を着せ奉り、本の如く蔵収《おさ》め奉り畢《おわ》んぬ、と云々。

③又云わく。右大弁定親《さだちか》朝臣、語りて云わく。大師御入定の相を見奉る。㋓勅に依

りて御服料の内を以って、法衣を縫《ぬ》うて着せ奉るの由、官の文に注し置く。此の趣《おもむき》を以って、宗の人々、両三語り伝う、と云々。（○数字・○記号・傍線筆者）

この①には、醍醐天皇の重ねてのご夢想により、観賢僧正がご入定の巌室を開いたところ、常人と同じお姿の空海を拝見することができた。勅使をはじめ、全員拝見できた。そこで、髪を剃り法服を整えて、もとのように埋蔵した、とある。ここでは、観賢をはじめ、勅使など高野山に登ったひとは「皆《みな》拝見す」とあって、空海のお姿を、いとも簡単に拝することができたかのように記す点が、注目される。

しかるに、②では、観賢は勅許をえて廟窟を開いたけれども、雲霧がたちこめていてまさに暗闇のようであった。空海のお声は聞こえるけれども、そのお姿を拝することはできなかった。そこで観賢が、無量の罪障を懺悔したところ、しだいに雲霧が晴れ、生前のままのお姿の空海、まるで睡っておられるような空海を拝見することができた。勅使たちも拝見することができた。そうして、髪を剃り、法衣を着せてさしあげ、もとのようにお納めもうしあげた、と記す。

この①と②は、ともに観賢僧正による奥院御廟の開扉とお衣替えのはなしであり、空海伝に記録されたものとしては初出のものと想われる。しかし、この二つには大きな違いというか、大きな開きが見られる。これらはいかなる出典にもとづくものなのか。とともに、「或る説に曰わく」とするが、ぜひその出典が知りたいものである。

さいごの③では、右大弁定親《さだちか》のはなしとして、詔《みことのり》によって法衣を新調し、空海に着せてさしあげた、と記されていた。

ここに経範は、その内容が微妙に異なる三つの話を収録していた。すなわち、①では天皇の夢想によって奥院御廟は開かれ、入定する空海のお姿を拝したあと、髪を剃り法服を整えたというが、夢想と法服との関連は明らかではない。②も同様の話であったが、ここには天皇の夢想の話はみられなかった。③では、勅によって下賜された御服料をもってお衣を縫い、着せてさしあげた、とあった。

ともあれ、ここでは観賢僧正が奥院の廟幅を開き、入定留身している空海のお姿を拝したとする話がはじめて登場することを、ご記憶いただきたい。また、空海の入定留身信仰における第一の画期が康保五年（九六八）成立の『金剛峯寺建立修行縁起』であるとすれば、この『大師御行状集記』は第二の画期といえる。だが、右に記したように、天皇の夢想とお衣替えにもちいた法服との関係は明確でない。この点に留意しておくべきである。

(14) **聖賢撰『高野大師御広伝』**(元永元年(一一一八)成立)

第十四は、醍醐寺・金剛王院の開祖である聖賢《しょうけん》の撰になる『御広伝』である。基本的な部分、すなわち、

①来る二十一日、入定に擬《ぎ》せんとの遺告
②三月二十一日、結跏趺坐し、大日の定印を結んでの入定
③七七日忌を勤めたあと奥の院へ埋葬した話

などは、『御遺告』『建立修行縁起』とほぼ同じ内容であるので詳述しない。

ここでは、本書にだけ見られる新しいはなしを二つ紹介しておきたい。第一は、後世、

空海のご入定を疑う輩が現れると困るので、御廟を完全に封印したとする話。第二は、関白・藤原道長の高野山参詣の契機となった夢の話である。さっそく、本文をあげてみよう。

【史料23】（『弘法大師伝全集』第一、二七七〜八頁）

㋐観賢僧都、大師御入定以後、稍《ようやく》数年を歴て、其の殿戸を開きて、之《これ》を拝見せんと欲す。而《しか》も其の形像、都《すべ》て見えず。僧都、涕泣《ていきゅう》して起居礼拝して懺謝《ざんしゃ》して言わく。弟子、生れてより已来《このかた》、未《いま》だ所犯を致《いた》さず。何ぞ之を見たてまつらざると。爰《ここ》に大師、漸《ようや》く現る。霧《きり》巻きて月彰《あきら》かなるが如し。是に於いて、観賢、歓喜して礼を作し、竊《ひそか》に見奉ることを得たり。則ち御髪を剃り、旧衣を除き去り、更に新浄衣を覆《おお》い奉る。(あ)僧都曰わく。我れ猶《なお》以って見奉り難し。況んや末葉の弟子をや。石を重ね墓を作らんにはしかず。若し後代の人、見ることを得ずんば、決定して疑いを生ぜん。是の故に、隠し奉るのみ。則ち墓を作って戸を封じ畢《おわ》んぬ。
〈或る旧記に見ゆ〉

㋑禅定大相国《だいしょうこく》御堂、夢みらく。高野山は十方賢聖《けんせい》常に住し、三世諸仏遊化《ゆげ》し、善神番々《ばんばん》に之《これ》を守り、星宿夜々《よよ》に之に参る。是れ釈迦転法の迹《あと》、慈尊説法の砌《みぎり》なり。一《ひとたび》此の地を踏めば、三悪《さんなく》の境に帰らず、一《ひとたび》此の山に詣ぜば、必ず三会《さんね》の暁に遇わん、者《てへり》。

此の旨を以て仁海僧正に問わせらるるなり。〈相国《しょうこく》の御書札、今に相存《あいそん》す〉其の後、㋑相国、信心を凝《こ》らして聖迹《せいせき》に参詣す。御入定の禅庵の戸の脇板、俄《にわか》に破れ落ち、髣髴《ほうふつ》として御室内を視奉《たてまつ》る。人以て感応と為《な》す。

（〇記号・傍線筆者）

㋐を要約してみよう。

観賢は、ようやくにして奥院の御廟をひらき、入定なさっている大師を拝せんとしたが、はっきりとお姿をみることはできなかった。懺悔礼拝して一心に祈誓したところ、やっとお姿を拝することができた。そこで、御髪をそり、新しい浄衣を着せ

てさしあげた。（以下傍線部㋐）

㋐観賢がいうには、私をしてもお姿を拝することは、きわめて困難であった。ましてや、末葉の弟子ではなおのこと困難であろうし、拝することができなければ、大師の入定自体を疑うものが現われるであろう。ついては、疑いを生じさせないために、石を重ね御廟を封じてしまった、と。これはある旧記の説である。

この傍線部㋐のところが新出の話である。つまり、私観賢でさえ、大師のお姿をすぐには拝見することができなかった。拝見できないことをもって、大師の入定留身を疑う者が必ず現われるであろうから、誰も入れないように石でもって御廟を封じ墓にしてしまった、とするところである。

空海の御廟を石でもって封じたとする話は、すでに『建立修行縁起』に詳しく記されていた。しかも、そこでは石室を築いたのは真然僧正であったと記していたが、ここでは観賢僧正が築いたとする点にも留意しておきたい。

後者㋑は、関白・藤原道長が高野山に参詣する契機となった夢の話である。道長が高野山に参詣したのは、治安三年（一〇二三）十月のことであった。道長の高野山参詣については、『小右記』『扶桑略記』所収の「藤原道長高野山参詣記」『栄花物語』などにより、すでに紹介した。しかし、これらの史料には、なぜ道長は高野山に参詣したのか、高野登山の理由・目的については記されていなかった。その闕をおぎなうというか、高野山参詣の契機となった夢の話を収載するのが、この『御広伝』であった。

ここで、㋑を要約すると、その後半は、

道長は高野山の聖地・霊場なることを夢に見、この夢の真偽を仁海僧正にお尋ねになられた。〈そのときの道長の書状は、今も存在する〉（間違いない、との回答をえた）道長は、そののち、夢の内容を堅く信じて高野山に参詣なされたところ、大師ご入定の御廟の入り口の脇板がにわかに破れ落ち、廟窟内をはっきりと拝見なされた。これは、道長の真心に大師がお応えになったものである、と人々はいい合った。

となる。道長が夢にみた高野山の浄土説とは、前半部に記された、高野山は、十方の徳の勝れたかたが常にすまいし、三世にわたる諸仏諸菩薩がすまうところであり、善き神々が強力に守り、星宿は夜ごとに参るところである。また高野山は、かつて釈尊が説法なさったところ、五十六億余年の後に弥勒慈尊が説法なさるところである。だから、一度この地を踏めば、地獄・餓鬼・畜生の三悪道《さんなくどう》の境界に生まれかわることはない。一度この山に参詣すれば、必ず弥勒菩薩の説法に出逢うことができる。

というものであった。別の説では、ここに記された夢のお告は、実は仁海が高野山の浄土たることを道長に語ったときのものであるという。

いずれにしても、藤原道長の高野山参詣の裏には、仁海の力が大きかったことは間違いない。大師の入定留身説を喧伝した主導者が仁海であったことからも、首肯されるであろう。

(15) 金剛弟子某撰『弘法大師御伝』(仁平二年(一一五二)成立)

第十五は、金剛弟子某の撰による『御伝』である。従来、この『御伝』は、仁和寺において出家し、のち高野山にのぼり遍照光院に住んだ兼意《けんに》(一〇七二~一一四五)の撰で、永久年間(一一一三~一一一八)の成立とみなされてきた。しかるに、『御伝』の最古の写本である名古屋真福寺本の奥書には、

仁平二年四月廿六日末葉金剛弟子

とある。この奥書から、仁平二年(一一五二)金剛弟子某の撰であった、とみなしておく。

それはさておき、大師の最期、および入定信仰については、「高野付嘱の事」「御入定以後」の二項目が参考になる。特に、後者には、

①来る二十一日、入定に擬《ぎ》せんとの遺告

②三月二十一日、結跏趺坐し、大日の定印を結んで入定する
③後太上天皇（淳和天皇）、空海の喪を弔する御書
④醍醐天皇の夢想と観賢による廟窟の開扉、留身せる大師を拝見する
⑤淳祐内供の余薫

といった話が見られる。このうち、①〜③の内容は『御遺告』『御行状集記』とほぼ同じであるので、ここでは詳述しない。

新たな話の展開が見られるのが④のところである。一つは、ご夢想と新しく着せてさしあげた法服との関係が明確になっていること、いま一つは観賢によって御廟が開扉され法服を着せてさしあげたときの様子が詳しく書かれていること、である。ともあれ、その本文をあげてみよう。

【史料24】（『弘法大師伝全集』第一、二一六頁）。

あ延喜の御時、大師、我に（御イ）夢想を示して衣装を送り賜うべし、者《てへり》。茲《ここ》に因《よ》

って、桧皮色《ひわだいろ》の御装束一襲《かさね》を調え、観賢僧正を以て、高野の御廟に送り奉《たてまつ》らる。

(い)勅命を奉《うけたまわ》って其の禅窟を開いて大師の慈顔を拝せんと欲するの処、蒙霧《もうむ》を隔てる如くにして、真容《しんよう》を見ること無し。

(う)爰《ここ》に僧正、悲涙《ひるい》禁じ難く、即ち懺謝《ざんしゃ》して曰わく。「吾れ五欲の境に生ずと雖も、更に違犯無し。盍《なんぞ》御体を見んや」と。

(え)屢《る》々《る》懺悔を致すに、頃《しばらくあって》之月の濛霧《もうむ》を出ずるが如く、貌《かお》の明鏡《めいきょう》に浮かぶが如く、容《よう》儀《ぎ》儼然《げんぜん》として龕窟《がんくつ》の中に顕《あら》わる。頭髪長く生じて衣服破れ損す。希有《けう》の想いを作《な》して、忝《かたじけな》くも御髪を剃除し、御装束を着せ奉らんとして思慮を廻《めぐ》らすの間、微風出来《しゅったい》して本《もと》の御装束散じ失せぬ。更に新衣を着せしむ。

(お)僧正思惟すらく、吾れ宿報《しゅくほう》至って拙《つたな》くして、大師の在世に値《あ》い奉《たてまつ》らず。但し機縁有って、今聖顔《いませいがん》を拝す。是れ幸いなり。吾れ猶《なお》以て見奉《たてまつ》り難し。況《いわ》んや末代の弟子に於いてをや。仍《より》て堅く禅窟を閉じ、永く開くべからず、と云云。

（○記号筆者）

このなか、ⓐでは、大師は延喜帝のご夢想に姿をあらわしたことにより法服を賜わり、装束一襲が新調され、観賢によって高野山の御廟に届けられることになった、といい、ⓘⓤでは、観賢は勅命によって禅窟をひらいたけれども、たちこめる霧で大師のお姿を拝することができなかったため、不徳の身を懺悔した、とある。

ⓔでは、一心に懺悔したことにより、雲間から月があらわれるように、大師は端正なるお姿をあらわされた。御髪は長くのび、お衣は破れ朽ちていた。大師のお姿を拝することは、まったく稀有なことと想い、御髪を剃り、新調された法服をお着せしようとした瞬間、もとのお衣を微風がちりぢりに飛ばしてしまった。そうして新しいお衣を着せてさしあげた、という。この新しい法服を着せてさしあげようとした瞬間の微風のことは、『本書』が初出と考えられる。

ⓞでは、観賢僧正の述懐と末代の弟子たちが大師の入定留身を疑ってはいけないので、禅窟を固く閉じた、とある。

このように、『本書』において、経範の『御行状集記』では明瞭でなかったところ、すなわち醍醐天皇のご夢想と新たに着せ替えてさしあげた法服の関係が、ご夢想によって法服が下賜され、観賢僧正がそれをもって奥院にまいり着せてさしあげたと、明確に記されていた。しかし、大師が天皇の夢のなかで詠んだという和歌は、まだまだ先のことである。

つぎの⑤には、ただ一つ、この『御伝』が初出の話が見られる。それは、淳祐《しゅんにゅう》の手に余薫が消えなかったとの話である。

【史料25】（『弘法大師伝全集』第一、二一六頁）

石山寺の淳祐内供《ないぐ》は（観賢）僧正の入室なり。僧正に祇候《しこう》して、恐れながら大師の膝《ひざ》を摩《なで》奉る。其の手掌《しゅしょう》、余薫《よくん》有って数日失《う》せず。

〔要約〕

観賢僧正の弟子・淳祐は、僧正につきしたがって高野山にのぼり、恐れおおくも大師の膝に触れさせていただいたところ、数日間、手によき薫りが残っていた。

この「数日間、手によき薫りが残っていた」は、後世になると、話が増広される。すなわち、修行が足りなかったのか、淳祐にはどうしても大師のお姿を拝することができなかった。そこで、かわいそうに思った観賢は、淳祐の手をとり、大師のお膝にふれさせてくださった。すると、その手から余薫が一生消えなかった。よって、淳祐の書写した経典類を「薫《におい》の聖教《しょうぎょう》」といった、と。

「薫の聖教」は、いまも石山寺に伝存しており、国宝に指定されている。したがって、ここにみられる「余薫有って数日失《う》せず」は、初期のシンプルな形を伝えている、といえよう。

（2）真言宗外の人物による空海伝

この項のさいごに、一一〇〇年前後に撰述された二つの史料をみておきたい。この二つは、真言宗以外の人物によって撰述されたものであり、かつ入定留身している大師が描かれている点が特色である。

（12）大江匡房撰『本朝神仙伝』（十一世紀末成立）

はじめは、大江匡房《おおえのまさふさ》（一〇四一～一一一一）の撰述になる『本朝神仙伝』「弘法大師」の項である。匡房は、後三条・白河・堀河三代の天皇の侍読《じどく》をつとめた漢学者であったが、入定留身する大師を記録しているので、そのところだけを紹介してみたい。

【史料26】（『弘法大師伝全集』第一、一八八頁）

後に㋐金剛峯寺に於《お》いて金剛定に入り、今に存せり。初めて人は皆見るに、㋑鬢髪の常に生いて、形容の変らざることを。㋒山の頂を穿ちて底に入ること半里許《ばかり》、禅定の室《むろ》を為《つく》りたり。彼の山、今に烏鳶《からすとび》の類・諠譁の獣無し。兼ねて生前の誓願なり。常に称《い》いて曰わく。仏法を弘めむには、種姓を以て先と為《す》と。故に彼の宗には、親王公子《こうし》、相《あい》継いで絶えざるなり。寛平法皇、灌頂を此の宗に受けたまいて後、仁和寺最も王胤多し。円融天皇も御地に入りたまいぬ。誠に是れ一宗の光華なり。

（○記号・傍線筆者）

傍線部㋐では、大師は金剛定に入られ今も生身をとどめているといい、㋑では、頭髪はつねのように伸び、容姿は生前と変らなかったという。そうして、㋒では山の頂きから半里ばかり掘りさげたところに禅定の室をつくり、そこに生身をとどめている、と記す。

要するに、大師は今も生身をとどめておられることを信じて記録している、といってよいであろう。

(13)『今昔物語』(十二世紀初頭の成立)

つぎは、十二世紀の極初期に成立したと考えられている『今昔物語』で、経範の『行状集記』とほぼ同じ時代に編纂された説話集である。

高野山の開創を記す段落では、『建立修行縁起』に依拠して書かれていることが指摘されている。したがって、編者が空海の伝記類に目を通していたことは間違いない。つまり、『今昔物語』に書かれた大師は、十一世紀末までに書かれた空海の伝記類の最大公約数的な姿といってもよいと考える。

ともあれ、観賢僧正による奥院御廟の開扉とお衣替えの本文をあげてみよう。『今昔物語』巻第十一「弘法大師、始建高野山語《はじめてこうやのやまをたてること》第廿五」の一節である。

【史料27】（『日本古典文学大系』24、一〇七頁）

①其後《そののち》、久く有《あり》て、此の入定の峒《ほら》を開《ひらき》て、御髪《ぐし》剃り、御衣を着せ替《かへ》奉《たてまつり》けるを、其《その》事絶《たえ》て久く無かりけるを、般若寺の観賢僧正と云ふ人、権《ごん》の長者《ちゃうじゃ》にて有ける時、大師には曽孫弟子《ひひこでし》にぞ当《あたり》ける。

②彼の山に詣《いたり》て入定の峒《ほら》を開《ひらき》たりければ、霧立《たち》て暗き夜の如くにて、露不見《つゆみえざ》りければ、暫く有《あり》て霧の閑《しづ》まるを見れば、早く、(あ)御衣の朽《くち》たるが、風の入《いり》て吹けば、塵に成《なり》て被吹立《ふきたてられ》て見ゆる也《なり》けり。塵閑《しづ》まりければ、大師は見え給《たまひ》ける。(い)御髪《ぐし》は一尺計《ばかり》生《おひ》て在《まし》ましければ、僧正自《みづか》ら、水を浴び浄き衣を着て入《いり》てぞ、新き剃刀《かみぞり》を以て御髪《ぐし》を剃奉《そりたてまつり》ける。(う)水精《すいしゃう》の御念珠《ねんじゅ》の緒《を》の朽《くち》にければ、御前に落散《おちちり》たるを拾ひ集めて、緒《を》を直《ただし》く捶《すげ》て御手に懸け奉りてけり。(え)御衣、清浄《しゃうじゃう》に調へ儲《まうけ》て着《きせ》奉て出《いで》ぬ。

③僧正、自ら、室を出《い》づとて、今始《はじめ》て別れ奉らむ様《やう》に不覚《おぼえず》泣き悲《かなしま》れて、其後《そののち》は恐れ奉て室を開く人無し。

（○数字・○記号・傍線筆者）

ここには、いくつか注目すべきことが記されている。

第一は、①に大師が入定されてから長いときをへたあと、入定の窟をひらいて、髪を剃りお衣を着せ替えてさしあげていたが、いつの間にか絶えてしまった、と記すことである。「長いときをへたあと、入定の窟をひらいて……いつの間にか絶えてしまった」と記す史料は、この『今昔物語』以外には見あたらない。あるいは『建立修行縁起』に、ご入定のあと七七（四十九）日のあいだ生前と同じくおつかえし、七七日が過ぎ去ったあと、髪を剃り衣服を整えて奥院にお移しもうしあげた、と記すところを、このように解したのではないかとも考えられるが、詳細は不明といわねばならない。

第二は、②のところである。観賢が奥院の入定窟を開いたところ、霧がたちこめていたことは、すでに『御行状集記』にみられた。しかるに、㋐にたちこめていた霧が晴れると、朽ちていたお衣が風で吹き飛ばされてしまったとあり、この朽ちたお衣と風の話を記すもっとも古い史料が、この『今昔物語』であると考えられることである。

第三は、同じく②のⓤで、水精の念珠の緒がきれ、玉が散らばっていたのを拾い集め、新しい緒に通しなおして、手にかけてさしあげた、と記すのは、この『今昔物語』が初出と考えられる。

これらは、いかなる史料にもとづいて記されたのであろうか。今後の課題としたい。

（3）「高野山むすふ庵の……」の初出史料

この第二部の「はじめに」で、この第二部を書く目的は、一つの疑問を解明してみたいこと、と記した。その疑問とは、今日、人口に膾炙している一連の話のなか、特に醍醐天皇のご夢想に大師がお姿を現わし、「高野山《たかのやま》むすふ庵に……」の和歌を詠まれたとの話が史料上にあらわれる時代は、意外にも遅いように想われることであった。その解明には、多くの時間を要するであろうから、その詳細は後日を期すことにしたい。

ここでは、「高野山むすふ庵に……」の和歌（以下、「有明の月」の和歌、と称す）は、いつ、いかなる史料に見られるのか、その初出史料を見ておきたい。

今日、人口に膾炙《かいしや》している観賢僧正による御廟開扉とお衣替《ころもが》えのはなしの柱、つまり重要な要素を箇条書きにすると、以下の六つになると考える。

①醍醐天皇のご夢想に大師が現われて、「有明の月」の和歌を詠まれた。
②これに応えて、醍醐天皇は法服を新調して大師にたまわった。
③このことと前後して、空海に「弘法大師」の大師号が下賜された。
④天皇から下賜された大師号と法服の報告のため、観賢は勅使とともに高野山奥院にまいり、御廟を開扉した。
⑤このとき、観賢は生身をとどめておられた大師のお姿を拝し、御髪を剃り、新しい法服を着せてさしあげた。
⑥あわせて観賢は、淳祐の手をとり、大師のお膝にふれさせた。

前節まで、観賢僧正による奥院御廟の開扉とお衣替えの説話はいつ成立したか、について、平安時代に成立した空海伝を中心に、十五の史料をみてきた。これら十五の史料には、右にあげた六つの要素を個々に記したものはあったけれども、すべての要素を網羅させたはなしは、残念ながら見当たらなかった。特に、①の「有明の月」の和歌が難問であった。

では、「有明の月」の和歌は、いつ、誰が創作したのか。鎌倉時代以降に成立した空海伝のなか、「有明の月」の和歌を収録するのは、江戸時代末期、天保五年（一八三四）の得仁撰『続弘法大師年譜』（以下、『続年譜』と略称す）まで降ることが判明した。この『続年譜』は、弘法大師ご入定一千年御遠忌記念のために編纂されたのであった。「有明の月」の和歌は、『続年譜』巻三、延喜二十一年十月二十七日の条の最後に近いところ、『神皇正統記』を引用したあとの二行割り註に、つぎのように記されている。

【史料28】（『真言宗全書』第三八、三五一頁）

ⓐ或る集に云わく。延喜二十一年十月二十一日の夜、大師、天皇の御夢に入て御衣を賜わん事を乞。并に和歌を詠して云。高野山むすふ庵に袖くちて苔の下にも有

明の月。

ⓘ遺告頭書に云わく。一伝に、延喜の聖主、御夢想の告げに依り、法服を奉進せらる、と云云。

ⓤ或る人の雑談に云わく。此の御夢想の告げは、高野山結フ庵リノ軒朽テ死テモ苔ノ下ニ有ルカワト　申され畢んぬ。実は知らざるなり。

ⓔ真俗興廃記の巻尾に、延喜帝の御霊夢に、高野山結ぶ庵ののきくちて生てもこけの下にすむかな。

ⓞ雑雑聞書に云わく。石山内供淳祐童形にて奥院に於て、高野山へだつる霧のつらさをも、今夜手にとるにをいにそしる。

（○記号・傍線筆者）

得仁は、「或る集に云わく」として「高野山むすふ庵に袖くちて苔の下にも有明の月」の和歌を載せ、このあとに語句の異なる二つの和歌を収録していた。ここで、三つの和歌を再録してみよう（（　）は引用書）。

㋐高野山むすふ庵に袖くちて苔の下にも有明の月（或る集）
㋒高野山結フ庵リノ軒朽テ死テモ苔ノ下ニ有ルカワ（或る人の雑談）
㋓高野山結ぶ庵ののきくちて生てもこけの下にすむかな（真俗興廃記の巻尾）

この三つは、出だしの「高野山むすふ庵」が同じだけで、そのあとは大きく異なっている。

それはさておき、先にも記したように、この「有明の月」の和歌は、大師号下賜の条の最後に近いところ、しかも本文ではなく、割り註のかたちで収載していることから、得仁はあまり重要視していなかった、比較的新しい説と考えていた、と想われる。また、「或る集に云わく」とその出典を明確にしていないところにも、得仁の考えが見てとれるようである。

では、得仁のいう「或る集」とは何か。『続年譜』以前に成立した著作で、「有明の月」の和歌を収載する唯一の史料と考えられるのが、宝暦二年（一七五二）に刊行された泰円《たいえん》撰『野山名霊集《やさんめいれいしゅう》』である。『同書』巻第三「贈官并謚号の事」に、つぎのように見られた。

【史料29】（日野西真定編集・解説『野山名霊集』一〇五～六頁）

しかのみならず、去十八年忝寛平法皇御奏聞有て大師の謚号《しがう》をこはせ玉ひ、観賢僧正も亦同其事を奏せられけり、然るに同廿一年十月廿一日の夜大師天皇の御夢《ゆめ》に入て御衣《をんころも》を賜《たま》はん事を乞并に和歌を詠《ゑい》して云、

高野山むすふ庵に袖くちて苔の下にそ有明の月

天皇おとろかせ給ひ則赭色《ひハたいろ》の法衣を製《せい》せられ、同十月廿七日、勅使小納言平惟《たいらのこれ》扶《すけ》、廟使《べうし》般若寺僧正観賢《くわんげん》を以、弘法大師の号を当山の廟窟《べうくつ》におくり給ふ。

（中略）

勅使廟前《べうせん》に勅書を読《よミ》おハられけれハ、勅答とおほしくて廟《べう》中に御音《ミこゑ》有て　我昔《し》薩埵に値て、親く悉く印明を伝ふ、肉身に三昧を証して、慈氏の下生を待つ、とそ唱《となへ》させ給ひける。（以下略、傍線筆者）

得仁のいう「或る集」とは、「(延喜) 廿一年十月廿一日の夜」以下、和歌の語句にいたるまで同文であることから、この『野山名霊集』を指すとみて大過ないであろう。ただ一つ異なるところは、泰円が「苔の下にそ有明の月」とするところを、得仁は「苔の下にも有明の月」と記しており、「にそ」と「にも」の違いだけである。

ところで、泰円がその著作に収載する「有明の月」の和歌は、泰円の創作なのか、それとも出典があるのであろうか。いまだ結論には至っていないが、最後に「有明の月」の本歌と想われる和歌を紹介しておきたい(岩波古典文学大系『栄花物語』五四八頁の補注参照)。

「有明の月」の本歌と想われるのは、『千載和歌集』巻十九「釈教歌」の部に収録されている、寂蓮の和歌である。すなわち、

【史料30】『千載和歌集』一二三六番(『新日本古典文学大系』10、三七五頁)

高野にまいりてよみ侍ける　　寂蓮法師
あか月を高野《たかの》の山に待つほどや苔《こけ》の下《した》にも有明《ありあけ》の月

とある。脚注には、この和歌の訳が記されているので、参考までにあげてみよう。

弥勒菩薩が世に現われる龍華の暁を高野山で待つ間、苔の下で弘法大師は入定されていることだ。

作者の寂蓮（?〜一二〇二）は、平安末から鎌倉初頭にかけて活躍したこの時代を代表する歌人の一人であった。寂蓮は、醍醐寺の阿闍梨俊海を父として誕生し、若くして伯父藤原俊成の養子となったけれども、俊成に成家・定家が生まれたため、養子を辞して出家したといわれる（『国史大辞典』「寂蓮」の項参照）。父が醍醐寺の阿闍梨であったこと、先に紹介した『梁塵秘抄』と同時代を生きた寂蓮であったことから、高野山奥院に生身をとどめておられる大師のことは、当然熟知していた。この和歌は、その奥院御廟に額づいたあと、詠まれたことが詞書からしられる。
なお、本歌と想われるこの寂蓮の和歌は、泰円の『野山名霊集』にも収載されている（『同書』九五頁）。

おわりに

醍醐天皇は延喜二十一年（九二一）十月二十七日、観賢僧正の奏請に応えて、空海に「弘法大師」の大師号を下賜された。この報告のため、勅使が高野山に派遣されたことは、『日本記略』に明らかである。

一方、弘法大師の入定留身信仰を語るとき、必ず引き合いに出される、その原点となったと考えられてきた話がある。すなわち、大師号が下賜されたことを報告するため、勅使とともに高野山に参詣した観賢僧正は、奥院の御廟を開扉し、生身をとどめておられる大師の尊顔を拝するとともに、長くのびた御髪を剃ってさしあげ、朽ちていたお衣を新しい法服に着せ替えてさしあげた、との話である。本書では、このことを「観賢僧正による奥院御廟の開扉とお衣替えの説話」（以下、「お衣替え説話」と称す）と名づけてきた。

今日、語り継がれている「お衣替え説話」の根本をなす要素は、つぎの六つと考えられた。

①醍醐天皇のご夢想に大師が現われて「有明の月」の和歌を詠まれた。
②これに応えて、醍醐天皇は法服を新調して大師にたまわった。
③このことと前後して、空海に「弘法大師」の大師号が下賜された。
④大師号と天皇から下賜された法服の報告のため、観賢は勅使とともに高野山奥院にまいり、御廟を開扉した。
⑤このとき、観賢は生身をとどめておられた大師のお姿を拝し、御髪を剃り、新しい法服を着せてさしあげた。
⑥あわせて観賢は、淳祐の手をとり、大師のお膝にふれさせた。

それはともあれ、この第二部で確認したかったことの一つは、右にあげた「お衣替え説話」が、史料上に登場するのはいつであったか、であった。なぜなら、この「お衣替え説話」にみられる入定留身説から出発し、増広され展開して、やがて入定留身信仰へと定着していった、と漠然と考えてきたからであった。

しかしながら、これまで縷々述べてきたように、空海伝を中心に史料を見てくると、まったく逆の展開過程をたどったことが判明した。すなわち、大師が奥院の禅窟に生身をとどめておられるとの話は、すでに十一世紀初頭に現われた。この当時は、「爛壊《らんえ》せず」といった表現、肉体をそのまま留めておられる大師が語られていた。寛弘元年（一〇〇四）七月二十八日付「金剛峯寺奏状」『政事要略』『枕草子』『栄花物語』といった史料群である。

観賢僧正が高野山に登り奥院の御廟を開扉し、大師の尊顔を拝したとの話は、「爛壊せず」から八十年あまりのち、寛治三年（一〇八九）に成立した経範撰『大師御行状集記』が初出の史料であった。しかも、ここには「お衣替え説話」の六つの要素のうち、

①④の一部と⑤に相当するものしか見られなかった。その後、平安時代末期までに成立した『本朝神仙伝』『今昔物語』『高野大師御広伝』『弘法大師御伝』を総合しても、「お衣替え説話」の六つの要素すべてを満たす話にはならなかった。特にこの時代、観賢僧正による高野山への登山と御廟の開扉を、大師号の下賜とかかわりのある話とは見なしていなかったのである。

「お衣替え説話」の六つの要素のうち、①の醍醐天皇のご夢想のなかで大師が詠まれたと語られてきた「有明の月」の和歌は、江戸時代中期、宝暦二年（一七五二）に刊行された泰円撰『野山名霊集』が初出の史料と考えられた。

以上、「お衣替え説話」の六つの要素がすべて出揃うのは、江戸時代中期と意外にも遅かった、というのが、本書における一つの結論である。

とはいえ、大師が奥院に生身をとどめられ、つぎの仏陀である弥勒菩薩が五十六億七千万年後にこの世に出現するまでのあいだ、われわれをずっと見守り救済してくださっている、との入定留身信仰を創出することによって、空海が一番愛した高野山を守ろうとされた先徳たちの、血のにじむようなご尽瘁を忘れてはならない。

大師に贈り名「弘法大師」が下賜されてからちょうど一千百年、この記念すべき年に出逢わせていただけたことに報恩感謝のまことを捧げると共に、諡号《しごう》「弘法大師」にこめられた先徳の願いをいま一度想い起し、肝に銘じたいものである。

〈著者紹介〉
武内孝善（たけうち・こうぜん）
1949年、愛媛県生まれ。1977年、高野山大学大学院博士課程単位取得退学。その後2年間、東京大学史料編纂所に内地留学。1981年から1997年、『定本弘法大師全集』の編纂に従事。2002年から2012年、文化庁文化審議会専門委員（文化財分科会）。2013年7月設立の「空海学会」初代会長に就任。現在、高野山大学名誉教授。空海研究所長。博士（密教学）。専門は、日本密教史、特に空海伝・初期真言宗教団成立史。第32回日本印度学仏教学賞、密教学術奨励賞（1992・2007年の二回）受賞。著書に『弘法大師空海の研究』『空海伝の研究　後半生の軌跡と思想』（吉川弘文館）、『空海はいかにして空海となったか』（KADOKAWA）、『弘法大師　伝承と史実―絵伝を読み解く―』（朱鷺書房）など、共著に『あなただけの弘法大師　空海』（小学館）、『空海と密教美術』（洋泉社）、『遣唐使船の時代―時空を駆けた超人たち―』（KADOKAWA）、『般若心経秘鍵への招待』（法藏館）など多数。

「弘法大師」の誕生――大師号下賜と入定留身信仰

2021年12月20日　初版第1刷発行

著　　者　武内孝善
発 行 者　神田　明
発 行 所　株式会社 春秋社
〒101-0021　東京都千代田区外神田2-18-6
電話　03-3255-9611（営業）
03-3255-9614（編集）
振替　00180-6-24861
https://www.shunjusha.co.jp/
装 幀 者　伊藤滋章
印刷・製本　萩原印刷株式会社

ISBN978-4-393-17294-0　定価はカバー等に表示してあります